野菜たっぷり 大量消費レシピ 304

阪下千恵

新星出版社

はじめに

「おすそ分けでいただいた大量の野菜や、安売りで買い込んだ野菜を余らせてしまう…」

「キャベツや白菜などの大きな野菜を使い切りたいけど、いつも同じ料理ばかり…」

「冷蔵庫に入れっぱなしで野菜が干からびていた！」

そんな野菜への悩みは、**大量消費して解決しましょう！**

この本では、1つの野菜をたっぷり使い、メインとしてがっつり食べられる料理から、

あともう一品に最適な副菜、作りおきできるものまで、

いろいろな料理で野菜を大量消費するレシピを提案しています。

同じ野菜1つとっても、食べ方、味付け、料理の仕方を変え、

バリエーション豊富なレシピを掲載しているので、

飽きずにおいしく食べられるのもポイントです。

野菜料理のレパートリーを増やすのにも、お役立ていただけます。

また、野菜をたっぷり使う料理だから栄養満点。健康面にも役立ちます。

「野菜ってこんなにおいしかったの！」、「こんな野菜料理があったんだ！」、

「こうすれば野菜を新鮮な状態で保存できるのね」といった、

野菜をおいしく使いこなす〝目から鱗〟なヒントが満載です。

野菜をたっぷり使うこと、料理の楽しさ、野菜のおいしさを、

ぜひこの本で体感してみてください。

はじめに……………………………… 2
この本の使い方……………………… 8

キャベツ ……………………………… 9

ホイコーロー ……………………………… 10
重ねロールキャベツ風 …………………… 11
くし形焼きキャベツの肉みそがけ ……… 11
キャベツたっぷりメンチカツ …………… 12
骨つき鶏とキャベツたっぷりポトフ …… 12
チーズタッカルビ風鶏とキャベツのキムチ炒め …… 13
キャベツの巻きとんかつ ………………… 13
キャベツたっぷりお好み焼き …………… 14
キャベツとあさり&ベーコンのフライパンオリーブ蒸し 14
キャベツとウィンナーのクリーム煮 …… 15
キャベツと卵のスープ …………………… 15
キャベツとじゃこのさっと炒め ………… 16
キャベツとゆで卵のカレー風味マヨネーズサラダ … 16
コールスローサラダ ……………………… 16
キャベツの塩麹漬け ……………………… 17
キャベツのフレンチサラダ ……………… 17
キャベツのマスタードマリネ …………… 17
キャベツと油揚げのごまあえ …………… 18
キャベツとゆかりあえ …………………… 18
キャベツの浅漬け ………………………… 18

白菜 ……………………………… 19

マーボー白菜 ……………………………… 20
白菜とハムのグラタン …………………… 21
白菜餃子 …………………………………… 21
白菜のミルフィーユ鍋 …………………… 22
味噌クリームロール白菜 ………………… 23
白菜と牛薄切り肉&たけのこのオイスターソース炒め 23
白菜のごま豆乳鍋 ………………………… 24
白菜とシーフードミックスの八宝菜 …… 24
白菜のはさみ蒸し ………………………… 25

白菜と焼き豚&卵炒め …………………… 25
白菜とえのきのサンラータンスープ …… 26
白菜とツナのガーリックスープ ………… 26
白菜と生ハムのマリネ …………………… 27
白菜と厚揚げの煮物 ……………………… 27
白菜とベーコンのコンソメ煮 …………… 27
白菜とりんごのフレンチサラダ ………… 28
白菜のおひたし …………………………… 28
白菜の浅漬け ……………………………… 28

大根 ……………………………… 29

豚バラ大根の煮物 ………………………… 30
大根ステーキ ……………………………… 31
ぶり大根 …………………………………… 31
ピーラー大根鍋 …………………………… 32
豚バラミルフィーユのレンジ蒸し ……… 32
大根餃子 …………………………………… 33
大根カレー ………………………………… 34
ふろふき大根肉味噌のせ ………………… 34
大根餅 ……………………………………… 35
せん切り大根と卵の中華スープ ………… 35
フライド大根 ……………………………… 36
大根とスモークサーモンミルフィーユサンド …… 36
大根と豚の塩スープ ……………………… 37
せん切り大根とにんじんのなます ……… 37
大根の甘酢漬け …………………………… 37
大根のしょうゆ漬け ……………………… 38
大根の葉とじゃこのふりかけ …………… 38
大根の皮きんぴら ………………………… 38

玉ねぎ ……………………………… 39

玉ねぎの肉詰め煮 ………………………… 40
玉ねぎの肉巻き焼き ……………………… 41
玉ねぎのかき揚げ ………………………… 41
輪切り玉ねぎのツナチーズのせ焼き …… 42

玉ねぎ&かにかまの卵炒め ……………… 43
玉ねぎとウィンナーのケチャップ炒め …… 43
オニオンリングフライ …………………… 44
玉ねぎ&シーフードミックスとシャンサイの
　　エスニックサラダ ……………………… 44
玉ねぎとわかめの酢味噌あえ …………… 44
オニオンスライス ………………………… 45
玉ねぎスライスとツナの粒マスタードサラダ … 45
玉ねぎとスモークサーモンのマリネ …… 45
玉ねぎたっぷり牛丼の具 ………………… 46
丸ごと玉ねぎのスープ …………………… 46
玉ねぎクリームスープ …………………… 46

長ねぎ ……………………………………… 47
ねぎと鶏の香味蒸し煮 …………………… 48
焼きねぎと鮭の南蛮漬け ………………… 49
豚ねぎキムチ炒め ………………………… 49
鯛のねぎのせ熱々ごま油かけ …………… 50
長ねぎたっぷりチゲ鍋風 ………………… 51
長ねぎベーコンの餅グラタン …………… 51
ねぎ&にんにく焼きそば ………………… 52
長ねぎのマヨネーズチーズ焼き ………… 52
あさりとねぎの中華スープ ……………… 52
ねぎと豚ひき肉味噌 ……………………… 53
長ねぎのミルクスープ …………………… 53
焼きねぎのオリーブオイルマリネ ……… 53
ねぎとたこの酢味噌あえ ………………… 54
ねぎとザーサイのナムル ………………… 54
焼きねぎのめんつゆレモン風味ひたし … 54

レタス ……………………………………… 55
レタスのひき肉味噌のせ ………………… 56
レタスとあさりのさっと煮 ……………… 57
カリカリ豚とレタスのさっと炒め ……… 57
レタスチャーハン ………………………… 58

たっぷりレタスとサーモンのサンド …… 58
レタスとミニトマトの卵スープ ………… 59
レタスのキムチのせ韓国風サラダ ……… 59
真鯛とレタスのカルパッチョ風サラダ … 59
くし形切りレタスの温玉&しらすのせサラダ … 60
レタスのチョップドサラダ ……………… 60
レタスとわかめ、かにかまの酢の物 …… 60

にんじん ………………………………… 61
にんじんステーキカリカリベーコンのせ … 62
にんじんとベーコンのスパニッシュオムレツ … 63
にんじんと鶏ひき肉の柚子こしょう炒め … 63
にんじんハンバーグ ……………………… 64
にんじんとにらのチヂミ ………………… 65
すりおろしにんじんライス ……………… 65
にんじんのポタージュスープ …………… 66
にんじんのバターグラッセ ……………… 66
キャロットラペ …………………………… 66
せん切りにんじんと塩さばのレモンマリネ … 67
にんじんとちくわのきんぴら …………… 67
にんじんと切り干し大根の煮物 ………… 67
にんじんのくるみあえ …………………… 68
ピーラーにんじんとオレンジのサラダ … 68
にんじんといんげんのエスニックサラダ … 68

きゅうり ………………………………… 69
カリカリ豚ときゅうりの玉ねぎドレッシングあえ … 70
きゅうりと焼き肉&キムチあえ ………… 71
きゅうりチャンプルー …………………… 71
きゅうりとかつおの手ごね寿司 ………… 72
たっぷりきゅうりのよだれ鶏 …………… 73
きゅうりとツナのサラダうどん ………… 73
冷や汁 ……………………………………… 74
きゅうりとまぐろのコチュジャンあえ … 74
ヤムウンセン風エスニックサラダ ……… 74

きゅうりの明太マヨサラダ …………………… 75
たたききゅうりのナムル …………………… 75
きゅうりといかの燻製のマリネサラダ ………… 75
きゅうりのピクルス ………………………… 76
きゅうりの甘酢しょうゆ漬け ………………… 76
きゅうりの丸ごと1本漬け ………………… 76

トマト ……………………………………… 77

トマトたっぷりトマト鍋 …………………… 78
いかとトマトのガーリック炒め ……………… 79
牛肉とトマトの赤ワイン煮 ………………… 80
卵とトマトの春雨炒め ……………………… 80
そうめんのトマトめんつゆ …………………… 81
トマトとモッツァレラチーズのカプレーゼ …… 81
トマトとオクラのもずくあえ ………………… 82
トマトと塩昆布のごま油風味あえ …………… 82
トマトのミモザサラダ ……………………… 82
トマトとささみの冷製スープ ………………… 83
豆と野菜のミネストローネスープ …………… 83
基本のトマトソース ………………………… 83
丸ごとトマトのおひたし …………………… 84
トマトとアボカドのえびマヨサラダ ………… 84
ミニトマトのマリネ ………………………… 84

なす ……………………………………… 85

なすとさばのおろしあえ …………………… 86
なすの豚巻き天ぷら ………………………… 87
なすの丸ごと肉詰めレンジ蒸し ……………… 87
なすのひき肉はさみ揚げフライ ……………… 88
なすとひき肉のミートグラタン ……………… 89
なすと牛肉のピリ辛オイスターソース炒め …… 89
なすのキーマカレー ………………………… 90
なすとひき肉の豆乳担担麺風スープ ………… 90
焼きなすとまぐろのタルタル風 ……………… 91
蒸しなすのからししょうゆあえ ……………… 91

なすのじゃこ味噌チーズ焼き ………………… 91
マーボーなす ……………………………… 92
なすとしその肉巻きにんにく味噌照り ……… 92
なすとささみの煮物 ………………………… 92
なすの揚げびたし …………………………… 93
なすの忘れ煮 ……………………………… 93
なすの南蛮漬け …………………………… 93
なすのねぎ塩だれ …………………………… 94
薄切り焼きなすのマリネ …………………… 94
なすの浅漬け風サラダ ……………………… 94

ピーマン ………………………………… 95

ピーマンの肉詰めチーズバーグ煮込み ……… 96
魚肉ソーセージとピーマンのソース炒め …… 97
パプリカと鮭の甘酢炒め …………………… 97
ピーマンと薄切り肉の酢豚 ………………… 98
ピーマンカップのツナチーズ焼き …………… 99
焼きピーマンの和風スープ ………………… 99
パプリカの生ハム巻き ……………………… 100
パプリカの白あえ …………………………… 100
ピーマンとちくわのナンプラーあえ ………… 100
チョップドピーマンと雑穀のオリーブオイルサラダ … 101
ピーマンとベーコンのアンチョビチーズソテー … 101
丸ごとピーマンの煮物 ……………………… 101
焼きパプリカのマリネ ……………………… 102
ピーマンのおかか＆塩昆布あえ …………… 102
ピーマンのナムル …………………………… 102

ブロッコリー ……………………………… 103

ブロッコリーのひき肉そぼろあんかけ ……… 104
ブロッコリーと豆腐のレンジ蒸し …………… 105
ブロッコリーと豚バラのキムチ炒め ………… 105
ブロッコリーとゆで卵入りミートローフ ……… 106
ブロッコリーと卵炒め ……………………… 107
ブロッコリーのケチャップチーズ焼き ……… 107

ブロッコリーの明太マヨソースがけ ················· 108
ブロッコリーとじゃがいものスープ ················· 108
ブロッコリーとコーンのバターしょうゆ炒め ······· 108
ブロッコリーとえびのマヨネーズサラダ ············· 109
ブロッコリーとハムのマカロニサラダ ··············· 109
刻みブロッコリー入り緑のポテトサラダ ············· 109
ブロッコリーとザーサイの中華あえ ················· 110
ブロッコリーのごまあえ ···························· 110
ブロッコリーの茎のきんぴら風 ····················· 110

ほうれん草 ····················· 111
ほうれん草入りゆで餃子 ···························· 112
ほうれん草と牛肉の豆板醤炒め ····················· 113
ほうれん草と豚の常夜鍋 ···························· 113
ほうれん草とえびのガーリック炒め ················· 114
ほうれん草たっぷりしょうが焼き ··················· 114
ほうれん草としらすのスパゲティ ··················· 115
ポパイチャーハン ································· 115
ほうれん草入りキッシュ ···························· 116
シーザーサラダ ··································· 116
ほうれん草のココット ······························ 117
ほうれん草とコンビーフ炒め ······················· 117
ほうれん草入りカレースープ ······················· 117
ほうれん草のおひたし ······························ 118
ほうれん草といり卵の塩昆布あえ ··················· 118
ほうれん草と桜えびのナムル ······················· 118

とうもろこし ····················· 119
豚ととうもろこしのバーベキュー風オーブン焼き···· 120
とうもろこしと手羽元の照り煮 ····················· 121
コーンと鮭のコンソメバター炒め ··················· 121
コーンたっぷりピザ ································· 122
コーンのケチャップライス ·························· 122
焼きとうもろこし ································· 123
コーンたっぷりスクランブルエッグ ················· 123

コーンとささみとくずし豆腐の柚子こしょう風味スープ
··································· 123
コーン入りがんも ································· 124
とうもろこしと枝豆のコロコロサラダ ··············· 124
とうもろこしのポタージュ ·························· 124

じゃがいも ····················· 125
スコップコロッケ ································· 126
じゃがいもと合いびき肉のカレー風味炒め·········· 127
さば缶とじゃがいものトマト煮 ····················· 127
肉じゃが ··· 128
じゃがいも餅 ····································· 129
サモサ風揚げ ····································· 129
じゃがいものマスタードクリーム煮 ················· 130
じゃがいものチーズ入りガレット ··················· 130
じゃがいものサーモン巻き ·························· 130
梅とじゃこの和風ポテトサラダ ····················· 131
じゃがいものクリームチーズ入りサラダ ············· 131
せん切りじゃがいものおかかあえ ··················· 131
ジャーマンポテト ································· 132
くずしじゃがいものビシソワーズ風スープ ··········· 132
丸ごとじゃがいものコンソメスープ ················· 132

かぼちゃ ····················· 133
かぼちゃと鶏もも肉の酢どり ······················· 134
かぼちゃとツナのカレー風味コロッケ ··············· 135
かぼちゃとえびのガーリックパン粉焼き ············· 135
かぼちゃと豚バラ薄切り肉のバターしょうゆ炒め·· 136
かぼちゃリゾット ································· 136
かぼちゃニョッキ ································· 137
かぼちゃとささみの豆乳シチュー ··················· 138
蒸しかぼちゃのごまだれかけ ······················· 138
かぼちゃのペペロンチーノ風炒め ··················· 138
かぼちゃの煮物 ··································· 139
素揚げかぼちゃ＆ししとうのめんつゆひたし ······· 139

かぼちゃのシナモン風味きんぴら …………… 139
かぼちゃとくるみのマヨサラダ ……………… 140
かぼちゃのごま味噌あえ ……………………… 140
かぼちゃとクリームチーズのディップ ……… 140

さつまいも …………………………… 141

さつまいもと豚こまの焼き酢豚 ……………… 142
チョップドさつまいものバターしょうゆ炒め ……… 143
さつまいものごま団子揚げ …………………… 143
さつまいもごはん ……………………………… 144
スイートポテト風トースト …………………… 144
さつまいものハッセルバック風 ……………… 145
さつまいもの素揚げのせサラダ ……………… 145
さつまいもとさつま揚げのごま味噌汁 ……… 145
コロコロさつまいも＆ひじきとミックスビーンズの
　和風サラダ …………………………………… 146
さつまいもの青のりバターあえ ……………… 146
シナモン風味のいもけんぴ …………………… 146

里いも …………………………………… 147

里いもと鶏手羽の煮物 ………………………… 148
里いもの肉巻き焼き …………………………… 149
里いもと豚のバターしょうゆ炒め …………… 149
里いもとさばのから揚げ ……………………… 150
里いもとひき肉の中華スープ ………………… 151
里いもとひじきと鮭の炊き込みごはん ……… 151
里いものピザ風焼き …………………………… 152
里いもと水菜のめんつゆさっと煮 …………… 152
里いもと桜えびのぺったんこ焼き …………… 152
里いもといかの煮物 …………………………… 153
里いもの白煮 …………………………………… 153
里いものポタージュ …………………………… 153
里いもと梅＆おかかあえ ……………………… 154
里いものツナマヨサラダ ……………………… 154
里いものごま味噌あえ ………………………… 154

きのこ …………………………………… 155

えのきだけとまいたけ＆牛肉のすき焼き風煮 …… 156
ミックスきのこと豚薄切り肉のマヨポン炒め …… 157
きのこたっぷりミートソース ………………… 157
しいたけの肉詰めフライ ……………………… 158
きのこと鶏ひき肉の炊き込みごはん ………… 159
ハッシュドビーフ ……………………………… 159
エリンギの味噌マヨトースター焼き ………… 160
こんがり焼ききのこのサラダ ………………… 160
きのこのわさび風味スープ …………………… 160
マッシュルームだけアヒージョ ……………… 161
刻みきのことひき肉入り油揚げの宝煮 ……… 161
刻みきのこ入りシュウマイ …………………… 161
ミックスきのこのしょうゆ漬け ……………… 162
きのことちくわのごま酢あえ ………………… 162
きのこのカレー風味ガーリックバターソテー …… 162

もやし …………………………………… 163

もやしと鶏もも肉＆ねぎのクリーム炒め ………… 164
もやしと牛薄切り肉の焼き肉のたれ炒め ………… 165
もやしと肉団子の春雨スープ ………………… 165
もやしとツナの春巻き ………………………… 166
半分もやしのカルボナーラ …………………… 167
半分もやしのナポリタン ……………………… 167
もやしと鶏ひき肉の卵とじ …………………… 168
もやしとかにかまのあんかけ風炒め ………… 168
もやしとちくわの味噌汁 ……………………… 168
もやしとがんも＆にんじんの煮物 …………… 169
もやし入りつくねバーグ ……………………… 169
もやしの豚巻き、カレーマヨ炒め …………… 169
もやしのたらこマヨあえ ……………………… 170
もやしのナムル ………………………………… 170
もやしとささみのごまだれあえ ……………… 170

さくいん …………………………………………… 171

この本の使い方

おいしい野菜の選び方

野菜を選ぶときのポイントを紹介しています。

大量消費のコツ

野菜をたっぷり使うコツを掲載しています。

保存方法

「常温」「冷蔵」「冷凍」それぞれの保存方法と保存日数を記載しています。保存日数は保存状態によって異なるため、目安にしてください。

野菜データ

「旬の時期」「注目の栄養成分」「得られる効果」を記載しています。

旬の時期：その野菜のもっともおいしいとされている時期を示しています。

注目の栄養成分：その野菜で注目されている栄養成分を記載しています。

得られる効果：その野菜を食べることで考えられる効果を記載していますが、体質や状況により差があるので、必ずその効果が得られるとは限りません。

使用量別 料理インデックス

それぞれの料理で使った量別のインデックスです。使いたい量から料理を選ぶことができます。

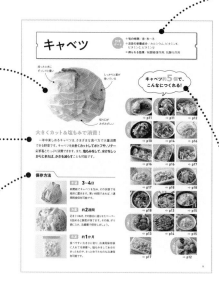

料理のカテゴリー

「主菜」「副菜」「主食」「作りおき」を表示しています。献立づくりにお役立てください。

使用する野菜の量

料理で使う野菜の量を記載しています。

調理時間・保存・冷凍野菜OK

「調理時間」「冷蔵保存」「冷凍保存」「冷凍野菜OK」のアイコンがついています。

[調理時間] 調理時間の目安です。漬け込む、寝かせるなどの時間、米の吸水時間は省いています。

[冷蔵保存] 冷蔵保存できる日数の目安を表示しています。

[冷凍保存] 冷凍保存できる日数の目安を表示しています。

[冷凍野菜OK] 冷凍保存した野菜を活用できる料理に表示しています。

この本の決まりごと

・大さじ1＝15mℓ、小さじ1＝5mℓ、1カップ＝200mℓ、1合180mℓで、いずれもすり切りで量ります。ひとつまみは親指、人差し指、中指の3本でつまんだ分量で小さじ1/6〜1/5程度、少々は親指と人差し指でつまんだ分量で、小さじ1/6未満です。

・特に記載がない場合は、しょうゆは濃口醤油、塩は自然塩、砂糖は上白糖、味噌は信州味噌、オリーブオイルはエクストラバージンオイル、生クリームは動物性で脂肪分45％のもの、バターは有塩バター、ブラックペッパーは粗挽き、トマト水煮缶はカットタイプを使用しています。

・だし汁は昆布、かつお節、煮干しなどでとったものです。市販のインスタントだしを表示にしたがって溶かしたものや、だしパックでも代用できます。

・電子レンジは600Wのものを使用しています。500Wの場合は1.2倍、700Wの場合は0.8倍に換算して加熱してください。

・野菜類で特に記載のない場合、洗う、皮をむく、へたや種を取り除くなどの下処理をすませてからの手順で説明しています。

・オーブン、オーブントースター、電子レンジ、魚焼きグリルは機種によって加熱具合が異なります。様子を見ながら調理してください。

・アルミホイルは、焦げ付かないタイプのもの、ペーパーはキッチンペーパーを使用しています。

・表示の冷蔵、冷凍の保存期間はあくまでも目安です。料理を保存する時は、しっかり冷まし、清潔で乾いた箸やスプーン、清潔な保存容器を使ってください。

キャベツ

野菜データ

- 旬の時期／春・秋〜冬
- 注目の栄養成分／カルシウム、ビタミンK、ビタミンC、ビタミンU
- 得られる効果／粘膜修復作用、抗酸化作用

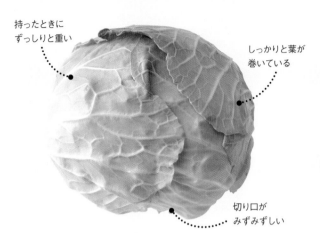

持ったときに
ずっしりと重い

しっかりと葉が
巻いている

切り口が
みずみずしい

大きくカット&塩もみで消費!

　一年中楽しめるキャベツは、さまざまな食べ方で大量消費できる野菜です。キャベツを**大きくカットしてポトフや、ソテーにする**とたっぷり消費できます。また、**塩もみをして、水けをしっかりときれば、かさを減らすこと**も可能です。

保存方法

常温 **3〜4**日

新聞紙でキャベツを包み、その状態で冷暗所に置きます。寒い時期であれば、1週間程度保存可能です。

冷蔵 約**2**週間

芯をくりぬき、その部分に湿らせたペーパーを詰めると鮮度が保てます。その後、ポリ袋に入れ、冷蔵庫で保存しましょう。

冷凍 約**1**か月

食べやすい大きさに切り、冷凍用保存袋に入れて冷凍庫へ。塩もみをして水分をきったものや、さっとゆでたものも冷凍保存可能です。

キャベツ約**5**個で、こんなにつくれる!

8枚で → p11
1/3個で → p11
→ p12
1/4個で → p10
→ p14
→ p16
→ p16
→ p16
→ p17
→ p17
→ p18
→ p18
→ p18
1/5個で → p13
→ p15
1/6個で → p13
→ p14
→ p15
1/7個で → p17
1/8個で → p12

9

甘辛の味つけに、思わずごはんが進みます！

主菜

ホイコーロー

時間15分

材料（2人分）

キャベツ ……………1/4個（300g）

豚バラ薄切り肉……………150g

ごま油………………………大さじ1

A
| 甜麺醤 ………大さじ1・1/2 |
| 酒………………………大さじ1 |
| しょうゆ ……………大さじ1/2 |
| 砂糖………………小さじ2/3 |
| 豆板醤…………………小さじ2/3 |
| 片栗粉…………………小さじ1 |
| にんにく（すりおろし） |
| ……………………小さじ1/2 |

作り方

1 キャベツはしっかりと水けをふき、ざく切りにする。豚肉は4cm幅に切る。Aは混ぜ合わせる。

2 フライパンにごま油を中火で熱し、1の豚肉を3分ほど色が変わるまで炒める。

3 1のキャベツを加えて強火で2分ほど炒め、1で混ぜ合わせたAを鍋肌から加えて手早く炒め合わせる。

ポイント

ピーマンの乱切りを加えても。

1/4個で

コクうま～！

主菜 食べるときは切り分けて！
重ねロールキャベツ風

時間20分 ｜ 冷蔵2日

8枚で

スープもおいしい！

材料（2人分）
キャベツ（できるだけ外葉から）
……6〜8枚（300〜400g）
玉ねぎ ……………………… 1/4個
合いびき肉 ……………… 200g
溶けるチーズ …………… 40g

A	パン粉 ……… 1/3カップ
	牛乳 …………… 大さじ2
	こしょう ………… 少々
	塩 ………… 小さじ1/5
B	水 ………………… 150mℓ
	酒 …………… 大さじ2
	コンソメスープの素
	（固形）………… 1/2個
	しょうゆ ……… 小さじ1

作り方
1 玉ねぎはみじん切りにしてボウルに入れ、ひき肉、**A**と一緒によく練り混ぜる。

2 耐熱ボウルに、**キャベツ、1を交互に重ね、真ん中に溶けるチーズを入れる。** 最後はキャベツでふたをして形を整え、手でしっかり押さえる。

3 2に**B**を加えてふんわりとラップをし、電子レンジで約15分加熱して火を通す。ボウルからそっとへらで取り出し、器に盛り、パセリのみじん切り（分量外）をふる。

主菜 こんがり焼いたキャベツにとろ〜り肉みそがマッチ！
くし形焼きキャベツの肉みそがけ

時間15分

1/3個で

香ばしいキャベツが甘うま！

材料（2人分）
キャベツ ………… 1/3個（400g）
長ねぎ ……………………… 6cm
豚ひき肉 ………………… 100g
ごま油 …………… 大さじ1/2

A	味噌 …… 大さじ1・1/2
	酒 …………… 大さじ1
	砂糖 ………… 大さじ1/2
	しょうゆ ……… 小さじ1
	片栗粉 …… 小さじ2/3
	しょうが（すりおろし）
	………… 小さじ1/2
	水 ………… 1/4カップ

作り方
1 キャベツは4等分のくし形切りにする。長ねぎはみじん切りにする。

2 フライパンにごま油を中火で熱し、1のキャベツを途中裏返して4〜5分**ふたをして焼き**、皿に盛る。

3 2のフライパンに、ひき肉、1の長ねぎを加えて中火で肉の色が変わるまで炒める。混ぜ合わせた**A**を加えて炒め合わせ、2のキャベツにかける。

外はサクッ！
中はシャキシャキ！

1/8個で

主菜 揚げ物なのに、キャベツのおかげでライトな食感
キャベツたっぷりメンチカツ

時間25分 | 冷蔵2日

材料（2人分）
キャベツ ………1/8個（150g）
玉ねぎ（みじん切り）
　………………………大さじ2
合いびき肉……………… 150g
塩 …………………… 小さじ1/3
A｜溶き卵…………… 1/2個分
　｜パン粉 ………… 大さじ3
B｜溶き卵…………… 1/2個分
　｜牛乳 …………… 大さじ2
　｜薄力粉 ………… 大さじ2
薄力粉、パン粉 ……… 各適量
揚げ油 ………………… 適量
中濃ソース、レモン …各適量

作り方
1 キャベツはせん切りにし、塩をまぶして5分おき、水けをしっかり絞る。

2 ボウルに、**1**、玉ねぎ、ひき肉、**A**を加えて練り混ぜ、6等分にする。厚さ2cm程度の小判形にまとめて薄力粉をしっかりとまぶす。混ぜ合わせた**B**にくぐらせ、パン粉をつける。

3 油を170℃に熱し、火を弱火にして160℃で7〜8分**上下を返しながら揚げて火を通す**。中濃ソース、レモンを添える。

1/3個で

スープのやさしい
甘みが美味！

主菜 鶏のうまみとキャベツの甘みが体に染みわたります
骨つき鶏と
キャベツたっぷりポトフ

時間40分 | 冷蔵2日 | 冷凍野菜OK

材料（2人分）
キャベツ ………1/3個（400g）
鶏手羽元……………… 4本
玉ねぎ………………… 1/2個
にんじん……………… 1本
オリーブ油 ………… 小さじ1
塩、ブラックペッパー
　…………………… 各少々
A｜水…………… 2・1/2カップ
　｜白ワイン……大さじ1・1/2
　｜コンソメスープの素
　｜（固形）……… 1・1/2個
　｜ローリエ（あれば）……2枚

作り方
1 鶏肉は塩、ブラックペッパーをふる。キャベツは4等分のくし形に、玉ねぎは縦4等分、にんじんは長さを半分にして、縦2〜4等分に切る。

2 鍋にオリーブ油を中火で熱し、**1の鶏肉を皮目を下にして並べ**、3〜4分焼いて焼き目をつける。1の野菜、**A**を入れて一度煮立て、ふたをして弱火で30分ほど煮る。塩、ブラックペッパーで味を調える。

主菜
チーズ＆キムチのうまみとともに
チーズタッカルビ風鶏とキャベツのキムチ炒め

時間20分 ｜ 冷凍野菜OK

1/5個で

とろ〜りチーズをたっぷりからめて

材料（2人分）
キャベツ ……… 1/5個（250g）
鶏もも肉……… 小1枚（250g）
にんじん ………………… 1/3本
玉ねぎ ………………… 1/4個
溶けるチーズ …………… 100g
サラダ油 ………… 大さじ1/2
A 白菜キムチ ………… 120g
コチュジャン
………… 大さじ2・1/2
しょうゆ ……… 大さじ1/2

作り方
1 鶏肉は3cm角に切り、Aをもみこむ。キャベツはざく切り、にんじんは短冊切り、玉ねぎは8mm幅の薄切りにする。

2 フライパンに油を中火で熱し、1を加えて2分ほど炒め、**ふたをして時々混ぜながら火を通す。**

3 フライパンの中心をあけて、溶けるチーズを加える。チーズが溶けたら、野菜と肉をチーズにからめながら食べる。

主菜
いつもは脇役のキャベツをとんかつにイン！
キャベツの巻きとんかつ

時間20分 ｜ 冷蔵2日

1/6個で

シャキシャキキャベツがアクセント

材料（2人分）
キャベツ … 1/6個（200g）
豚ロース薄切り肉…12枚
焼きのり………………1/4枚
塩 ………………… 小さじ1/3
A 塩、こしょう…各少々
薄力粉、溶き卵、
パン粉 …… 各適量
揚げ油………………適量
大根おろし、ポン酢しょうゆ
（お好みで）…… 各適量

作り方
1 キャベツはせん切りにして塩をまぶして5分おき、**ペーパーに包んで水けをしっかりと絞る。**のりをちぎって混ぜる。

2 豚肉を2枚1組にして広げ、1のキャベツを1/6量のせ、くるくると巻く。**巻き終わりはしっかり手でとめる。**残りも同様にし、Aの塩、こしょう、薄力粉、卵、パン粉の順に衣をつける。

3 油を170℃に熱し、2を5〜6分揚げて火を通す。大根おろし、ポン酢しょうゆをお好みで添える。

食べごたえ十分で満足感あり！

1/6個で

主食 シャキシャキキャベツの甘みが広がります！
キャベツたっぷりお好み焼き

時間20分

材料(2人分)

豚バラ薄切り肉………… 120g

A 長いも(すりおろし)… 30g
  だし汁 ………… 1カップ
  卵………………………1個
  キャベツ … 1/6個(200g)
  薄力粉 …………… 120g
  紅しょうが(あれば)
  ……………… 大さじ1・1/2
  天かす ………… 大さじ2
サラダ油 ………… 小さじ2
お好み焼きソース、
  マヨネーズ、削り節、青のり
  …………………各適量

作り方

1 Aのキャベツは細切りにする。豚肉は長さを2〜3等分に切る。

2 Aを上から順に混ぜる。

3 フライパンに油小さじ1を中火で熱し、2の半量を流し込み、丸く整え、上に1の豚肉の半量をのせる。ふたをして火を弱め、4分ほど焼き、裏面に焼き色がついてきたらひっくり返す。再度ふたをして4分ほど焼き、器に盛る。同様にもう一枚焼く。お好み焼きソース、マヨネーズ、削り節、青のりをちらす。

1/4個で

副菜 あさりとベーコンのWのうまみをキャベツに
キャベツとあさり&ベーコンのフライパンオリーブ蒸し

時間15分　冷凍野菜OK

材料(2人分)

キャベツ …… 1/4個(300g)
あさり(砂抜き済み)… 200g
ベーコン…………………1枚
にんにく(みじん切り)
  …………………1片分
塩、ブラックペッパー
  ………………… 各少々
酒……………………大さじ1
オリーブ油………… 大さじ1

作り方

1 キャベツはざく切りにする。ベーコンは1cm幅に切る。あさりはよく洗う。

2 フライパンに1のキャベツを入れ、ベーコン、あさり、にんにくをのせる。塩、ブラックペッパー、酒、オリーブ油をかけてふたをし、中火で3分ほど加熱する。**フライパンから蒸気が出てきたら弱火にし、8分ほどあさりが開いてキャベツがしんなりするまで加熱する。**

お好みでレモンを絞っても

副菜

クリーム味の甘いキャベツが美味
キャベツとウィンナーの
クリーム煮

時間10分 | 冷凍野菜OK

1/5個で

ミルキーで
やさしい味わい

材料（2人分）

キャベツ ………1/5個（250g）
玉ねぎ ……………………1/4個
ウィンナー…………………4本
バター …………………… 10g
薄力粉…………… 大さじ1・1/2
A | 牛乳 ……………1カップ
　 | コンソメスープの素
　 |（固形）…………1/2個
　 | 塩、こしょう……各少々

作り方

1 キャベツはざく切りにする。玉ねぎは薄切りにする。ウィンナーは斜め半分に切る。

2 フライパンにバターを中火で熱し、**1**を3分ほど炒め、**薄力粉を全体にふって軽く炒め合わせる。**

3 **A**を加えて一度煮立て、弱火で2〜3分煮る。

（ポイント）
ウィンナーの代わりにハム2枚を放射状に切って加えても。

副菜

くたっとキャベツとふわっと卵のコンビネーション
キャベツと卵のスープ

時間10分 | 冷凍野菜OK

1/6個で

キャベツの甘みが
スープにも！

材料（2人分）

キャベツ ………1/6個（200g）
玉ねぎ ……………………1/4個
卵…………………………1個
A | 水………………2カップ
　 | コンソメスープの素
　 |（固形）…………1個
　 | 塩 ………………少々
ブラックペッパー ……… 少々

作り方

1 キャベツはせん切りにする。玉ねぎは薄切りにする。

2 鍋に**A**、**1**を入れてふたをし、中火で一度沸騰させ、火を少し弱めて4分ほど煮る。

3 **2**に溶いた卵を回し入れて、卵がふわっと浮いてきたらひと混ぜする。ブラックペッパーをふる。

（ポイント）
お好みで粉チーズをかけても。

 1/4 個で

ほんのりにんにくの風味にお箸が止まらない

キャベツとじゃこのさっと炒め

時間10分 冷蔵2〜3日

材料(2人分)

キャベツ	1/4個(300g)
ちりめんじゃこ	25g
ごま油	大さじ1/2
A しょうゆ	大さじ1/2
にんにく(すりおろし)	小さじ1/2
粉山椒(あれば)	少々

作り方

1 キャベツは細切りにする(葉の長さが長い部分は半分に切る)。

2 フライパンにごま油を中火で熱し、ちりめんじゃこを加えて2分ほど炒める。さらに1を加えて2分ほどキャベツがしんなりするまで**手早く炒める**。

3 Aを加えて炒め合わせる。

 1/4 個で

作りおき

カレーの風味が食欲をそそる!

キャベツとゆで卵のカレー風味 マヨネーズサラダ

時間15分 冷蔵2日

材料(2人分)

キャベツ	1/4個(300g)
ゆで卵	2個
玉ねぎ	1/6個
A マヨネーズ	大さじ3・1/2
酢	大さじ1/2
カレー粉	小さじ1/2〜2/3
塩、こしょう	各少々

作り方

1 キャベツは8mm幅に切って耐熱容器に入れ、ふんわりとラップをして電子レンジで2分ほど加熱する。しんなりしたら**水けをしっかりときる**。

2 ゆで卵は手で半分に割る。玉ねぎは薄切りにして水に5分さらし、**水けをしっかり絞る**。

3 ボウルに1、2を入れ、混ぜ合わせたAであえる。

 1/4 個で

作りおき

粉チーズが隠し味! おかわり必至のシンプルサラダ

コールスローサラダ

時間10分 冷蔵2〜3日

材料(2人分)

キャベツ	1/4個(約300g)
塩	小さじ1/3
コーン缶	40g
A マヨネーズ	大さじ2
粉チーズ	大さじ1・1/3
酢	大さじ1/2
砂糖	小さじ1/4
塩、こしょう	各少々

作り方

1 キャベツはせん切りにして塩をまぶし、5分おいて塩をさっと水で流し、**水けをしっかりと絞る**。

2 1、コーンをAであえる。

塩麹がキャベツのうまみを引き出す
キャベツの塩麹漬け

| 時間35分 | 冷蔵2～3日 |

材料（2人分）

キャベツ ……………1/4個（300g）
A 塩麹………………大さじ2・1/2
　しょうが（すりおろし）
　………………小さじ2/3

作り方

1 キャベツはざく切りにする。

2 ポリ袋に、1、Aを入れて軽くもむように
してなじませる。**空気を抜いて袋の口を密封**し、そのまま30分以上漬ける。
＊食べる時は軽く水けを絞る。

1/4個で

マスタードをきかせたおしゃれな味わい
キャベツのフレンチサラダ

| 時間10分 | 冷蔵2～3日 |

材料（2人分）

キャベツ ……………1/4個（300g）
ハム ……………………………2枚
A フレンチマスタード
　………………小さじ1・1/2
　砂糖………………小さじ2/3
　塩 …………小さじ1/4～1/3
　こしょう………………少々
　酢 ………………大さじ1・1/3
　サラダ油………大さじ1・2/3

作り方

1 キャベツは2～3cm四方に切る。耐熱容器に入れてふんわりとラップをし、電子レンジで2分ほど加熱して水けをしっかりときる。

2 ハムは半分の長さに切って、8mm幅に切る。

3 ボウルにAを上から順に加えて混ぜてドレッシングを作る。1、2を入れてあえる。

1/4個で

マイルドな酸味が心地よい
キャベツのマスタードマリネ

| 時間15分 | 冷蔵2～3日 |

材料（2人分）

キャベツ ……………1/6個（200g）
玉ねぎ…………………………1/6個
塩 …………………………小さじ1/3
A オリーブ油…………大さじ2
　酢 ………………大さじ1・1/3
　粒マスタード………大さじ1/2
　砂糖………………小さじ1/2
　塩、こしょう………各少々

作り方

1 キャベツはせん切りにして塩をまぶし、5分おいて塩をさっと水で流し、**水けをしっかりと絞る。**玉ねぎは薄切りにして水に5分さらして水けを絞る。

2 1を混ぜ合わせたAであえる。

1/6個で

1/4個で

作りおき

揚げ油とごまでコクをプラス
キャベツと油揚げのごまあえ

時間10分 | 冷蔵2〜3日 | 冷凍野菜OK

材料(2人分)

キャベツ …………1/4個(300g)
油揚げ…………………………1/2枚
A すり白ごま………大さじ1・1/2
しょうゆ…………………小さじ1
砂糖……………………小さじ1/2
和風だしの素(顆粒)
………………………小さじ1/2
塩………………………少々

作り方

1 キャベツは5mm幅の細切りにし、油揚げも幅を半分に切って5mm幅に切る。耐熱容器に入れてふんわりとラップをし、電子レンジで2分ほど加熱する。水けをしっかりときる。

2 1を混ぜ合わせたAであえる。

1/4個で

作りおき

外葉を使うと歯ごたえアップ！　ゆかりでさっぱりと！
キャベツとゆかりあえ

時間10分 | 冷蔵2〜3日 | 冷凍野菜OK

材料(2人分)

キャベツ …………1/4個(300g)
A 赤じそふりかけ(ゆかり)
………………………小さじ1
いり白ごま…………小さじ1/2

作り方

1 キャベツの葉は3cm四方にちぎり、芯は食べやすい大きさの薄切りにする。耐熱容器に入れてふんわりとラップをし、電子レンジで3分ほど加熱して水けをきる。

2 ポリ袋に1とAを入れて軽くもみ、味をなじませる。

1/4個で

作りおき

キャベツにごまの風味をまとわせて
キャベツの浅漬け

時間35分 | 冷蔵3〜4日

材料(2人分)

キャベツ …………1/4個(300g)
にんじん………………………1/3本
塩………………………小さじ1/2
A 塩昆布………ふたつまみ(5g)
ごま油………………大さじ1
いり白ごま…………小さじ1

作り方

1 キャベツはざく切り、にんじんはせん切りにし、それぞれ塩をまぶして5分おき、水けをしっかり絞る。

2 ポリ袋に、1、Aを入れて軽くもむようにしてなじませる。空気を抜いて袋の口を密封し、そのまま30分以上漬ける。

白菜

野菜データ
- ●旬の時期／冬
- ●注目の栄養成分／カリウム、ビタミンC、ジチオールチオニン
- ●得られる効果／高血圧予防、風邪予防、抗酸化作用

持ったときに
ずっしりと重い

先端がフカフカせず、
しっかり締まっている

外側の葉が鮮やかな
緑色で、しっかりと
葉が巻いている

切り口が
割れていない

オールマイティーに使えるのが白菜の魅力

　冬の定番野菜・白菜。白菜のよさは、生でシャキシャキ感を楽しめたり、煮てさまざまな味を吸わせることができたり、手軽に炒め物に加えられたりと、**オールマイティーに活用できる**ことです。いろいろな使い方で大量消費していきましょう!

保存方法

常温 約**2**週間

新聞紙で包み、芯の部分を下にして立て、冷暗所に置いて保存しましょう。ただし、暑い時期は冷蔵保存で。

冷蔵 約**1**週間

カットしたものはしっかりラップで包み、芯の部分を下にして立てて、冷蔵保存します。丸ごとなら、新聞紙で包んで冷蔵庫へ。

冷凍 約**1**か月

食べやすい大きさに切り、冷凍用保存袋に入れて冷蔵庫で保存します。冷凍した白菜は、煮物や炒め物に使えます。

白菜**2.5**個で、こんなにつくれる!

1/4個で → p27

1/6個で → p20

→ p22

→ p23

1/8個で → p21

→ p21

→ p24

→ p24

→ p25

→ p25

→ p27

4枚で → p23

→ p28

2枚で → p26

→ p26

→ p27

→ p28

→ p28

19

コクのある中華な味わいを白菜にからませて

主菜 # マーボー白菜

時間15分

材料(2人分)

白菜 ························· 1/6個(350g)
豚ひき肉 ····················· 100g
ごま油 ······················ 大さじ1
A | 甜麺醤 ····················· 大さじ1
  | しょうゆ ··················· 小さじ2
  | 酒 ······················· 小さじ2
  | 豆板醤 ·················· 小さじ1・1/2
  | 砂糖 ····················· 小さじ1/3
  | 水 ························ 100mℓ
  | しょうが(すりおろし)、
  | にんにく(すりおろし)
  | ·························· 各小さじ1/2
B | 片栗粉 ···················· 小さじ2
  | 水 ······················· 大さじ1
粉山椒 ······················ 適量

作り方

1 白菜は葉の部分はざく切りに、茎の部分は縦に2×5cm程度の大きさに切る。

2 フライパンにごま油を熱し、ひき肉を色が変わるまで炒め、**1**を入れて3分ほど炒める。

3 **2**に混ぜ合わせた**A**を加えて中火で煮立て、火を弱めて**よく混ぜたBを回し入れてとろみがつくまで混ぜながら煮る。**器に盛り、山椒をふる。

＼ 汁ごとごはんにかけても！ ／

1/6個で

主菜

白菜とバター・クリーム・チーズのトリプル乳製品が好相性！

白菜とハムのグラタン

時間20分

材料（2人分）

白菜	1/8個（250g）
ハム	4～6枚（70g）
バター	10g
薄力粉	大さじ2
A 生クリーム	150mℓ
コンソメスープの素（顆粒）	小さじ1/2
塩	小さじ1/4
こしょう	少々
溶けるチーズ	60g

作り方

1 白菜は1cm幅×5cm長さに切る。ハムは放射状に8等分に切る。

2 フライパンにバターを中火で熱し、1を白菜がしんなりするまで5分ほど炒める。薄力粉を全体にふり入れ、炒め合わせる。Aを加えて一度沸騰させ、**混ぜながらとろみがつくまで煮る。**

3 耐熱皿に2を入れて、溶けるチーズをかける。トースターで5分ほどチーズが溶けて焦げ目がつくまで焼く。

1/8個で

＼濃厚クリーミー／

主菜

白菜のシャキシャキした歯ざわりがたまらない

白菜餃子

時間35分　冷凍2週間

材料（作りやすい分量、直径24cmフライパン1枚分）

白菜	1/8個（250g）
豚ひき肉	150g
餃子の皮	25枚
塩	小さじ1/2
水	1/2カップ
A しょうゆ	大さじ1
酒	大さじ1/2
ごま油	大さじ1/2
片栗粉	大さじ1/2
砂糖	小さじ1
しょうが（すりおろし）	小さじ1/2
サラダ油	小さじ1/2
ごま油	大さじ1/2

作り方

1 白菜は粗みじん切りにし、塩をふって軽くもみ、10分ほどおいて水けをしっかりと絞る。

2 1、ひき肉、Aを練り合わせ、餃子の皮で包む。

3 フライパンにサラダ油をひいて2を並べ、中火にかけて2分ほど焼く。底面が焼けてきたら、水を餃子の半分の高さまで入れてふたをし、5～6分ほど水けがなくなるまで蒸し焼きにする。ごま油を回し入れ、底面に焼き色がつくまで焼く。

1/8個で

＼パリッとジューシー／

主菜

シンプルイズベスト！　白菜と豚肉を楽しむお鍋

白菜のミルフィーユ鍋

時間25分

材料（2人分）

白菜	1/6個（350g）
豚肩ロース薄切り肉	200g
塩	少々
A だし汁	2・1/2カップ
酒	大さじ2
しょうゆ	大さじ1/2
しょうが（すりおろし）	小さじ1
ごま油	小さじ1
ポン酢しょうゆ、青ねぎ	
（小口切り、お好みで）	各適量

1/6個で

作り方

1 豚肉に塩をまぶす。白菜は芯を切り落とし、1枚ずつ豚肉と交互に重ねる。鍋の深さに合わせて5cm幅程度に切る。

2 **1を鍋のふちに沿ってぐるりと敷き詰め、中央にもきっちり詰める。**

3 2にAを加えて中火にかけ、煮立ったら弱火にし、ふたをして少しずらし、15分ほど白菜がしんなりするまで煮る。お好みでポン酢しょうゆ、ねぎを添える。

ポイント

鍋に敷き詰めるときは、まずはふちから。その後、中央を埋めるようにすれば、きれいに並べ入れることができます。また、だし汁の量は、鍋の大きさに合わせて調節して。

残っただし汁に
ごはんやうどんを入れても

主菜

白菜の甘みが味噌と相まって美味！
味噌クリームロール白菜

時間45分 ｜ 冷蔵2〜3日

4枚で

味噌がみそ！

材料（2人分）
白菜の葉 **（大きめの外葉）**
.................................**4枚（400g）**
玉ねぎ（みじん切り）‥1/6個分

A｜鶏ももひき肉 ‥‥‥ 200g
　｜パン粉‥‥‥‥‥ 1/2カップ
　｜卵‥‥‥‥‥‥‥‥ 1/2個
　｜塩‥‥‥‥‥‥‥ 小さじ1/4

B｜水‥‥‥‥‥‥‥ 200mℓ
　｜コンソメスープの素
　｜　（固形）‥‥‥‥‥ 1/2個

味噌‥‥‥‥‥‥‥‥ 小さじ2
生クリーム‥‥‥‥ 1/3カップ
ブラックペッパー‥‥‥‥ 少々

作り方
1 玉ねぎと**A**を混ぜ合わせ、4等分にして丸める。

2 白菜は耐熱皿にのせてラップをし、電子レンジで約4分加熱する。冷水にとり、**水けをきる**。白菜を広げて**1**を包み、爪楊枝で留める。同様に3個作る。

3 **2**を鍋に並べて**B**を加え、中火で一度沸騰させ、**落としぶた、さらにふたをし**、弱火で30分ほど煮る。味噌、生クリームを混ぜて入れ、弱火で温める。器に盛り、ブラックペッパーをふる。

主菜

オイスターソースのこく味が白菜を引き立てる
白菜と牛薄切り肉＆たけのこのオイスターソース炒め

時間15分

1/6個で

山椒をふっても
おいしい！

材料（2人分）
白菜 ‥‥‥‥‥‥ 1/6個（350g）
たけのこ（水煮）‥‥‥‥‥ 60g
牛ロース薄切り肉‥‥‥‥ 150g
塩、こしょう ‥‥‥‥‥ 各少々
赤唐辛子（種を除く）‥‥‥ 1本
ごま油 ‥‥‥‥‥‥‥ 大さじ1

A｜オイスターソース
　｜　‥‥‥‥‥ 大さじ1・2/3
　｜酒‥‥‥‥‥‥‥ 大さじ1
　｜片栗粉 ‥‥‥‥‥ 小さじ1
　｜　（水大さじ1で溶く）
　｜にんにく（すりおろし）
　｜　‥‥‥‥‥‥‥ 小さじ1/2

作り方
1 白菜の葉の部分はざく切りに、**軸の部分は3cm幅のそぎ切りにする**。たけのこの穂先はくし形に切り、根元は厚さ4mmの短冊切りにする。牛肉は4cm長さに切り、塩、こしょうする。

2 フライパンにごま油を中火で熱し、赤唐辛子、**1**の牛肉を加えて約3分色が変わるまで炒め、野菜を加えて4分ほど炒め合わせる。混ぜ合わせた**A**を加えて炒める。

汁も絶品！〆はうどんや
中華めんで！

1/8
個で

主菜

くたっと煮た白菜をごま＆豆乳のつゆでいただく

白菜のごま豆乳鍋

時間25分 | 冷凍野菜OK

材料（2人分）

白菜 ……………… 1/8個（250g）
焼き豆腐 …… 1/2丁（150g）
しいたけ ………………… 4枚
にんじん ………………… 1/4本
鶏もも肉 ………………… 1枚
A｜めんつゆ（2倍濃縮）
　　　　　　　　　　　 150ml
　｜水 …… 2・1/2～3カップ
　｜豆乳 …………… 150ml
　｜すり白ごま … 大さじ3
　｜味噌 ………… 大さじ3

作り方

1 白菜はざく切りにする。豆腐はやっこ型に切る。しいたけは石突を除き、十字に飾り切りをする。にんじんはピーラーで薄くリボン状に切る。鶏肉は4cm角に切る。

2 鍋にAを入れて一度沸騰させ、1の白菜、鶏肉、豆腐、しいたけを並べ入れ、ふたをして10～15分、途中にんじんを加え、火が通るまで煮る。

1/8
個で

とろみ系の
大定番！

主菜

くったり白菜に魚介のうまみがつまったとろみをまとわせて

白菜とシーフードミックスの八宝菜

時間15分

材料（2人分）

白菜 ……………… 1/8個（250g）
しいたけ ………………… 2枚
にんじん ………………… 1/4本
シーフードミックス（冷凍）‥ 100g
うずら卵（水煮）………… 6個
ごま油 …………… 大さじ1
A｜水 …………… 150ml
　｜酒 …………… 大さじ1
　｜オイスターソース・大さじ1/2
　｜しょうゆ …… 大さじ1/2
　｜鶏がらスープの素（顆粒）
　　　　　　　　　 小さじ1
　｜塩、こしょう … 各少々

片栗粉 …………… 大さじ1
（水大さじ2で溶く）

作り方

1 白菜はそぎ切りにする。しいたけは1cm厚さに切る。にんじんは短冊切りにする。

2 フライパンにごま油を中火で熱し、1、シーフードミックスを火が通るまで4～5分炒める。

3 Aとうずらの卵を加えて混ぜながら煮立てる。1分ほど煮たら**少しずつ水溶き片栗粉を加えて混ぜながらとろみをつける。**

主菜

レンチンだから、白菜のシャキッと食感も楽しめる

白菜のはさみ蒸し

時間20分 | 冷蔵2〜3日

材料（2〜3人分）

白菜 ……………… 1/8個（250g）

A 合いびき肉 ……… 250g
　 長ねぎ（みじん切り）
　 ……………………… 5cm分
　 片栗粉 ………… 小さじ1
　 しょうが（すりおろし）
　 ……………………… 小さじ1/2
　 塩 ……………… 小さじ1/4
　 こしょう …………… 少々

B だし汁 ………… 1/4カップ
　 しょうゆ ……… 大さじ1・1/2
　 みりん ………… 大さじ1
　 酒 ……………… 大さじ1

作り方

1 Aはよく練り合わせる。白菜は芯を切り落とし、葉を1枚ずつとって間に肉だねをはさみながら重ね、**しっかり押さえる。**

2 耐熱容器に1をのせ、混ぜ合わせたBを上からかける。ふんわりとラップをし、電子レンジで10〜12分、火が通るまで加熱する。

3 2を食べやすい大きさに切り分ける。

1/8個で

和の味わいの
ボリュームおかず

主菜

たっぷりの白菜を中華な雰囲気のおかずに

白菜と焼き豚＆卵炒め

時間15分

材料（2人分）

白菜 ……………… 1/8個（250g）
焼き豚 …………………… 60g
卵 ………………………… 2個
塩、こしょう …………… 各少々
ごま油 …………………… 大さじ1

A 水 ……………… 1/3カップ
　 鶏がらスープの素（顆粒）
　 ……………………… 大さじ1/2
　 しょうゆ ……… 小さじ1
　 片栗粉 ………… 小さじ1
　 塩、こしょう …… 各少々

作り方

1 白菜は3cm幅のそぎ切りにする。焼き豚は4mm厚さに薄切りにし、3〜4等分に切る。卵は溶いて塩、こしょうを混ぜる。

2 フライパンにごま油の半量を中火で熱し、1の卵を炒め、半熟になったら一度取り出す。

3 フライパンに残りのごま油を熱し、1の白菜、焼き豚を4分ほど炒めて火を通す。混ぜ合わせたAを加えて**手早く混ぜながら炒め**、2の卵を戻し入れて軽く混ぜる。

1/8個で

シャキとろ〜！

うま辛酸っぱさ
がくせになる

1〜2
枚で

白菜とえのきだけのWの食感が楽しめる
白菜とえのきの
サンラータンスープ

時間15分　冷凍野菜OK

材料(2人分)

白菜 ……… **1〜2枚(150g)**
えのきだけ ……… 1/3パック
卵 ……… 1個
A 水 ……… 2カップ
　 しょうゆ ……… 大さじ1
　 鶏がらスープの素
　 (顆粒) ……… 小さじ2
　 塩、こしょう … 各少々
片栗粉 ……… 小さじ1
　 (水大さじ2で溶く)
ラー油(お好みで) ·· 小さじ1
酢(お好みで)
　 ……… 大さじ1・1/2

作り方

1 白菜は8mm幅の細切りにし、長さを2〜3等分に切る。えのきだけは根元を切り落とし、長さを半分にしてほぐす。

2 鍋にAを中火で煮立て、**1**を入れてふたをし、5分ほど煮て火を通す。**水溶き片栗粉を少しずつ回し入れてとろみをつける。**

3 **2**に溶いた卵を入れ、ふんわりと卵が浮いてきたらひと混ぜする。

4 お好みでラー油と酢を加えて調整する。

2
枚で

食欲そそるピリ辛×
にんにく味

白菜とツナのうまみににんにくのパンチをきかせて
白菜とツナの
ガーリックスープ

時間10分　冷凍野菜OK

材料(2人分)

白菜 ……… **2枚(200g)**
ツナ缶 ……… 1/2缶(35g)
にんにく ……… 2片
オリーブ油 ……… 小さじ1
A 水 ……… 2カップ
　 昆布(10cm四方) ……… 1枚
　 赤唐辛子(輪切り)
　 ……… ひとつまみ
　 塩、こしょう ……… 各少々

作り方

1 白菜は1cm幅に切り、長さを2〜3等分にする。にんにくは芯を除いて薄切りにする。ツナは缶汁をきる。

2 鍋にオリーブ油、**1**のにんにく、白菜を入れて中火にかけ、2分ほど香りが出るまで炒める。Aを入れて**沸騰直前に昆布を取り出す。**

3 沸騰したら、ふたをして弱火で3分ほど煮て火を通す。**1**のツナを入れ、火を止める。

副菜 生ハムと合わせておしゃれなマリネに
白菜と生ハムのマリネ
時間10分

2枚で

材料(2人分)
白菜 ……………………… 2枚(200g)
生ハム ……………………… 30g
レモン ……………………… 1/4個
塩 ……………………… ひとつまみ
A│オリーブ油 ……… 大さじ1・1/2
　│レモン汁 ……………… 小さじ1
　│酢 ……………………… 小さじ1/2
　│粒マスタード ……… 小さじ2/3
　│塩、こしょう ………… 各少々

作り方
1 白菜は8mm幅×5cm長さに切り、塩をまぶす。5分おいてペーパーに包み、**水けを軽く絞る。**
2 レモンは薄いいちょう切りにする。生ハムは4cm長さに切る。
3 1、2を混ぜ合わせたAであえる。

作りおき くたっとした白菜のやさしい味わい
白菜と厚揚げの煮物
時間15分 冷蔵2〜3日 冷凍野菜OK

1/4個で

材料(2人分)
白菜 ……………………… 1/4個(500g)
厚揚げ ……………………… 200g
A│だし汁 ……………… 1・1/2カップ
　│しょうゆ ………… 大さじ1・1/2
　│みりん ……………… 大さじ1
　│酒 ……………………… 大さじ1
　│砂糖 ……………… 大さじ1/2
　│塩 ……………………… 少々
しょうが(すりおろし)、削り節
……………………… 各適量

作り方
1 白菜は縦半分に切り、4cm幅に切る。厚揚げは1.5cm厚さ×4cm四方に切る。
2 **鍋にAと1の厚揚げ、白菜の根元を入れ、中火で2分ほど煮て葉も加える。**ふたをして弱火にし、白菜がしんなりするまで7分ほど煮る。
3 2を器に盛り、食べる時にしょうが、削り節を添える。

作りおき スープもおいしい洋風煮物
白菜とベーコンのコンソメ煮
時間10分 冷蔵2〜3日 冷凍野菜OK

1/8個で

材料(2人分)
白菜 ……………………… 1/8個(250g)
ベーコン ……………………… 2枚
A│水 ……………………… 1カップ
　│オリーブ油 ……… 大さじ1
　│酒 ……………………… 大さじ1
　│コンソメスープの素(固形)
　│……………………… 1個
　│ブラックペッパー ……… 少々

作り方
1 白菜はざく切りにする。ベーコンは3cm幅に切る。
2 フライパンに1を入れてAをかける。
3 中火で2分ほど蒸気が出てくるまで加熱し、弱火にして4分ほど白菜がしんなりするまで加熱する。

ポイント
ベーコンの代わりにウィンナーでも。

27

 2枚で

作りおき

白菜とりんごの甘み・酸味を組み合わせて
白菜とりんごのフレンチサラダ

時間10分 冷蔵2〜3日

材料(2人分)

白菜	2枚(200g)
りんご	1/3個
塩	小さじ1/4
A サラダ油	大さじ1・1/2
酢	小さじ2
フレンチマスタード	小さじ1
砂糖	小さじ2/3
こしょう	各少々
塩	少々

作り方

1 白菜の軸の部分は5mm幅×4cm長さに切り、葉の部分は3cm四方にざく切りにして、塩でもみ5分おいて**水けを軽く絞る**。りんごは皮をつけたまま4mm厚さのいちょう切りにし、塩水(分量外)に1分つけて水けをきる。

2 ボウルにAを入れ、泡立て器で混ぜる。

3 1を2であえ、味をみて塩で調える。

 3〜4枚で

作りおき

定番だけどほっとする、さっぱり味でいくらでも食べられる
白菜のおひたし

時間10分 冷蔵2〜3日

材料(2人分)

白菜	3〜4枚(350g)
A だし汁	大さじ4
しょうゆ	大さじ1
削り節	適量

作り方

1 白菜は沸騰した湯で3分ゆでて冷水にとり、水けを軽く絞る。

2 1にAの1/3量をかけて軽く絞り、食べやすい大きさに切る。

3 1に残りのAをかけ、食べる直前に削り節をかける。

 2枚で

作りおき

ごはんのおとも、お茶うけにも!
白菜の浅漬け

時間5分 冷蔵3〜4日

材料(2人分)

白菜	2枚(200g)
昆布(3cm四方)	1枚
塩	小さじ1
赤唐辛子(輪切り)	ひとつまみ
ゆずの皮(せん切り、お好みで)	適量

作り方

1 白菜は軸の部分は1.5cm幅×4cm長さに切り、葉の部分はざく切りにする。昆布は一度水で戻して細切りにする。

2 1の白菜と塩をポリ袋に入れて軽くもみ、昆布、赤唐辛子、ゆずの皮も入れる。**空気を抜くようにして口をしっかり閉じて、冷蔵庫で約2時間以上おく**。食べるときは汁けを軽くきる。

大根

野菜データ

- ● 旬の時期／冬
- ● 注目の栄養成分／カリウム、食物繊維、ジアスターゼ、イソチオシアネート
- ● 得られる効果／血栓予防、がん予防、胃腸の働きを助ける

皮にハリがあり、白いもの

葉は緑色が濃く、みずみずしいもの

ひげ根が少なく、ずっしりと重いもの

大根約**4.5**本で、こんなにつくれる！

1本、まるまる使える！

大根は、**根の部分はもちろん、葉、皮の部分まで料理に使えるのがポイント**です。大きくカットしたものは煮物料理に。薄切りならサラダ感覚で生で食べるのもいいですし、蒸し物にも使えます。また、**日持ちのする漬け物にも適しています。**

保存方法

常温 **3〜5**日

葉を切り落とし、根の部分のみ新聞紙で包んで冷暗所に置いて保存します。葉の部分は冷蔵庫へ。

冷蔵 約**2**週間（根）、**2〜3**日（葉）

根の部分は、しっかりラップで包み、保存袋に入れて立てて、冷蔵保存します。葉の部分もラップして冷蔵庫へ入れましょう。

冷凍 約**1**か月

食べやすい大きさに切り、冷凍用保存袋に入れて冷蔵庫で保存しましょう。冷凍した大根は、煮物や汁物に使えます。

1/2本で → p37

葉で → p38

1/3本で → p30

→ p31

→ p32

→ p32

→ p33

→ p34

1/4本で → p31

→ p34

→ p36

→ p36

→ p37

→ p37

→ p38

皮で → p38

1/6本で → p35

→ p35

→ p35

主菜 豚バラのうまみ染みた大根が絶品！

豚バラ大根の煮物

時間30分 ｜ 冷蔵2〜3日 ｜ 冷凍野菜OK

材料（2人分）

……………………………	1/3本（400g）
豚バラかたまり肉…………	200g
ゆで卵（半熟）……………	2個
ごま油 …………………	小さじ1
だし汁 …………	1・1/4カップ
しょうゆ …………	大さじ3
酒、みりん ……各大さじ1・1/2
砂糖 …………	大さじ1・1/3
しょうが（せん切り）…1/2片分

作り方

大根は1.5cm厚さの半月かいちょう切りにする。豚肉は1cm厚さ×5cm四方に切る。

鍋にごま油を熱して を2分ほど炒め、 を入れて中火で一度沸騰させる。ふたをして弱火で20分ほど大根がやわらかくなるまで煮る。殻をむいたゆで卵も入れて2〜3分煮て、火を止めてそのまま冷ます。

しみジュワ〜

1/3 本で

30

バターにんにくがきいた豪快ステーキ！
主菜 大根ステーキ

時間25分

材料（2人分）
大根 ………………… 1/4本（300g）
薄力粉 ………………………… 適量
オリーブ油 …………… 大さじ1
A｜ しょうゆ …………… 大さじ1
　｜ 酒 ………………… 大さじ1/2
　｜ にんにく（すりおろし）
　｜　　　　　　　　…… 小さじ1/2
　｜ バター ………………… 8g
ブラックペッパー ……… 少々

作り方
1 大根は2cm厚さの輪切りにし、片面に十字の切り込みを入れる。水をつけたままラップに包み、電子レンジで5〜7分加熱して火を通す。**水けをペーパーなどでふき、薄力粉をまぶす。**

2 フライパンにオリーブ油を中火で熱し、**1**の両面をカリッと焼く。

3 **2の余分な油をふき取り、A**を加えて煮からめる。ブラックペッパーをふる。

1/4本で

焼くだけ簡単！

大根料理の大定番！
主菜 ぶり大根

時間25分 ｜冷蔵2〜3日｜冷凍野菜OK

材料（2人分）
大根 ………………… 1/3本（400g）
ぶり（切り身）………… 2切れ
ごま油 ………………… 小さじ1
A｜ だし汁 …………… 1カップ
　｜ 酒 ………………… 大さじ3
　｜ みりん …………… 大さじ2
　｜ 砂糖 ……………… 大さじ1
　｜ しょうゆ ……… 大さじ1・1/2
　｜ しょうが（せん切り）
　｜　　　　　　　　…… 1/2片分
白髪ねぎ ……………………… 適量

作り方
1 大根は1.5cm厚さの半月切りにする。ぶりは1切れを2〜3等分に切る。

2 鍋にごま油を中火で熱し、**1**の大根を入れて軽く焼き目をつける。**A**を加えて一度煮立て、ふたをして弱火で5分煮る。ぶりを加えて、さらに10分ほど煮る。ふたを取り、3分ほど軽く煮詰めて火を止め、**そのまま冷まして味をしみこませる。**器に盛り、白髪ねぎをのせる。

1/3本で

味しみしみ〜

ひらひら、シャキシャキ

1/3本で

主菜

大根をきしめんのように薄く切って

ピーラー大根鍋

時間15分

材料(2人分)

大根……………1/3本(400g)
豚ロースしゃぶしゃぶ用肉
………………………200g
長ねぎ……………1/2本
しいたけ……………4枚
A 水……………3カップ
　鶏がらスープの素(顆粒)
　………………大さじ1
　しょうゆ………大さじ1
　オイスターソース、酒
　………………各大さじ1
　豆板醤、ごま油
　………………各大さじ1/2
　にんにく、しょうが(ともに
　すりおろし)…各小さじ1

作り方

1 大根は皮をむいて、ピーラーで薄く切る。**最後の切りづらいところは包丁で薄切りにする。**長ねぎは斜め切りにし、しいたけは1cm厚さの薄切りにする。

2 土鍋にAと1の長ねぎを入れて中火で煮立て、5分ほど煮る。

3 2の土鍋に、1のしいたけ、豚肉を加え、再度沸騰したら大根も加えて5分ほど煮て火を通す。

さっぱりヘルシー!

1/3本で

主菜

味はもちろん、見た目も美しい

豚バラミルフィーユのレンジ蒸し

時間20分

材料(2人分)

大根……………1/3本(400g)
豚バラ薄切り肉………180g
レモン……………1/2個
酒……………大さじ1・1/2
塩、ブラックペッパー
………………各少々
ポン酢しょうゆ(お好みで)
………………適量

作り方

1 大根は3mm厚さの輪切りにする。豚肉は5cm長さに切る。レモンは2mm厚さの半月切りにする。

2 耐熱皿に1の大根と豚肉を交互にはさむようにして並べる。レモンもところどころにはさむ。酒をかけ、塩、ブラックペッパーをふる。

3 2にふんわりとラップをして、電子レンジで約10分、肉の色が変わるまで加熱する。お好みでポン酢しょうゆを添える。

主菜

餃子の皮を大根に変えて。おいしくて何個でもいけちゃう

大根餃子

時間25分

材料（2〜3人分、約28個分）

大根（太い部分）‥‥‥‥1/3本（400g）

塩‥‥‥‥‥‥‥‥‥‥‥‥適量

片栗粉‥‥‥‥‥‥‥‥‥‥適量

キャベツ‥‥‥‥‥‥‥3枚（150g）

ザーサイ‥‥‥‥‥‥‥‥‥35g

A 豚ひき肉‥‥‥‥‥‥‥‥100g
　　オイスターソース‥‥‥小さじ2
　　しょうが（すりおろし）、
　　　片栗粉、ごま油‥‥各小さじ1

ごま油‥‥‥‥‥‥‥‥‥小さじ1

しょうゆ、酢、ラー油‥‥‥各適量

作り方

1 大根は2〜3mm厚さの輪切りにし、塩小さじ1をまぶして5分おく。塩をさっと洗い流して水けをふき、片面に片栗粉をまぶす。

2 キャベツはせん切りにして塩小さじ1/6でもみ、5分おいて水けをしっかり絞る。ザーサイはペーパーで水けを取り、細かく刻む。ボウルに入れ、**A**を加えて練り混ぜる。

3 1の大根の片栗粉をつけた面を内側にして軽く半分に折り、2をのせて、半分に折り包む。

4 フライパンにごま油を中火で熱し、3を並べ、途中上下を返して8分ほど焼く。しょうゆ、酢、ラー油を添える。

焼けたら早めに召し上がれ！

1/3本で

1/3本で

大根×カレーの
おいしい驚き!

主食 **大根の甘みがルーに溶け込む**
大根カレー

| 時間35分 | 冷蔵2〜3日 | 冷凍野菜OK |

材料（3〜4人分）

大根 ……………………1/3本（400g）
にんじん ……………………1本
玉ねぎ ……………………1個
合いびき肉 ……………………200g
オリーブ油 ……………………大さじ1/2
水 ……………………2カップ
A | カレールー（市販）
　　 ……………………4かけ（90g）
　 | しょうゆ ………小さじ1
ごはん ……………………適量

作り方

1 大根は4cm角程度の乱切りにする。にんじんは乱切りに、玉ねぎはくし形切りにする。

2 鍋にオリーブ油を熱し、**1**、ひき肉を入れて5分ほど炒める。水を加えて中火で一度煮立て、**ふたをして**弱火で20分ほど大根がやわらかくなるまで煮る。

3 **2**に**A**を加えて弱火で煮溶かし、5分ほど時々混ぜながら煮る。器にごはんを盛り、カレーをかける。

主菜 **コクのある肉味噌とだしをふくんだ大根が好相性**
ふろふき大根肉味噌のせ

| 時間20分 | 冷蔵2〜3日 |

材料（2〜3人分）

大根 ………1/4本（300g）
A | だし汁 ……1/2カップ
　 | 塩 ………小さじ1/4
B | 豚ひき肉 ………60g
　 | 水 ………大さじ4
　 | 味噌 ………大さじ1
　 | 酒 ………小さじ2
　 | 砂糖 ………小さじ1弱
　 | みりん ………小さじ2/3
　 | 片栗粉 ………小さじ2/3
　 | しょうが（すりおろし）
　　 ………………小さじ1/3
七味唐辛子（お好みで）
　 ……………………適量

作り方

1 大根は2cm厚さの輪切りにし、**片面に十字の切り込みを5mmの深さで入れる。** 水をつけて耐熱容器に並べ、ふんわりとラップをする。電子レンジで6分ほど、途中上下を返して加熱する。

2 **1**に**A**を入れてさらに電子レンジで2分加熱し、冷ます。

3 耐熱ボウルに**B**を入れて混ぜ、ふんわりとラップをして電子レンジで4分〜4分半、途中で一度混ぜて加熱する。器に盛りつけた**2**にかけ、お好みで七味唐辛子をふる。

大根のうまみが
じゅわり

副菜

もっちり食感に桜えびがアクセント

大根餅

時間20分

材料(2〜3人分)

大根……1/6本(正味約150g)

桜えび…………………3g

青ねぎ(薄い小口切り)

…………………1本分

A 薄力粉……………30g

　片栗粉……………30g

　塩…………………少々

ごま油…………大さじ1/2

しょうゆ、酢しょうゆ…適量

ポイント

大根の水分だけで粉を練るので、大根の水けの絞りすぎに注意してください。

作り方

1 大根はごく細いせん切りにするか、粗いおろし金ですりおろす。軽く水けをきる。

2 ボウルに1、ねぎ、桜えび、Aを入れて手で練り、**形をまとめられる程度の固さに調節する**。4等分にし、厚さ1cm程度の丸形に整える。

3 フライパンにごま油を中火で熱し、2を並べ、上にアルミホイルをかけて3分ほど焼き色がつくまで焼く。裏面も同様に3分ほど焼く。しょうゆや酢しょうゆをつけて食べる。

もっちもち!

副菜

せん切りにした大根がまるでめんのよう

せん切り大根と
卵の中華スープ

時間10分

材料(2人分)

大根……………1/6本(200g)

大根の葉(あれば)‥2本(30g)

卵…………………1個

A 水………………2カップ

　酒……………大さじ1

　鶏がらスープの素(顆粒)

　………………大さじ1/2

B しょうゆ………小さじ1

　片栗粉…………小さじ1

　(少量の水で溶く)

　ごま油…………小さじ1/2

　いり白ごま……小さじ1/2

作り方

1 大根はせん切りにする。大根の葉は1cm幅に切る。

2 鍋に1の大根、Aを入れて中火で煮立て、弱火にしてふたをし、3分ほど煮る。大根の葉も加える。

3 Bを加えて**一度中火で煮立て、溶いた卵を回し入れる**。卵がふわっと浮いてきたらひと混ぜして火を止める。

ほっと温まる

35

外はカリ、
中はジュワ〜な
新食感

1/4本で

副菜 フライド〇〇のニューフェイス！

フライド大根

時間15分

材料（2〜3人分）

大根 ……………… 1/4本（300g）

A しょうゆ ……… 大さじ1/2
　 酒 …………… 大さじ1/2
　 にんにく（すりおろし）
　 …………………… 小さじ1/3
　 コンソメスープの素
　 （顆粒） ……… 小さじ1/2
B 片栗粉 ……… 大さじ1・1/2
　 薄力粉 ……… 大さじ1・1/2
サラダ油 ………………… 適量
塩 …………………………… 少々

作り方

1 大根は7〜8㎝長さの拍子木
　 切りにする。

2 1を、混ぜ合わせたA、混ぜ
　 合わせたBの順につける。

3 フライパンに多めの油を熱し、
　 2を**カリッとするまで4〜6
　 分揚げる**。塩をふる。

1/4本で

おもてなしにも

副菜 簡単でおしゃれな逸品

大根とスモークサーモン
ミルフィーユサンド

時間15分

材料（2人分）

大根 ……………… 1/4本（300g）
スモークサーモン ……… 80g
レモン ………………… 1/6個
塩 …………………………… 少々
オリーブ油 ……………… 適量
ブラックペッパー ……… 適量

作り方

1 大根は2㎜厚さの輪切りに
　 し、塩をまぶして5分ほどおき、
　 水けをペーパーでふく。ス
　 モークサーモンは大根の幅に
　 合わせて切る。レモンは2㎜
　 厚さのいちょう切りにする。

2 **1の大根、スモークサーモン、
　 大根、スモークサーモン、大
　 根の順に重ねる**。半分に切
　 り、レモンとともに器に盛る。
　 食べるときにオリーブ油、ブ
　 ラックペッパーをかける。

作りおき

大根のやさしい甘みが感じられる
大根と豚の塩スープ

時間50分　冷蔵2〜3日　冷凍野菜OK

材料（2〜3人分）
大根 ……………………… 1/2本（500g）
豚肩ロースかたまり肉 ……… 300g
長ねぎ ……………………… 1/2本
塩 ……………………… 小さじ1・1/2
A｜水 ……………… 2・1/2〜3カップ
　｜昆布（5×10cm）………… 1枚
　｜ブラックペッパー（粒）
　｜……………………… 小さじ1
しょうゆ …………………… 小さじ1
柚子こしょう ……………… 適量

作り方
1 豚肉は塩をまぶしてラップをし、ポリ袋に入れて1〜2日漬ける。
2 大根は2cm厚さの半月切りに、長ねぎは4cm長さに切る。
3 鍋に塩をさっと洗い流した**1**、**2**、**A**を入れて中火にかけ、沸騰直前に昆布を取り出す。**あくが出たら取り除きながら、ふたをして弱火で35〜40分煮る。**しょうゆを加えて火を止める。柚子こしょうを添える。

1/2本で

作りおき

さっぱりとした味わい
せん切り大根とにんじんのなます

時間15分　冷蔵2〜3日

材料（2〜3人分）
大根 ……………………… 1/4本（300g）
にんじん …………………… 1/4本
塩 ……………………… 小さじ1・1/2
A｜酢 ……………………… 1/3カップ
　｜砂糖 …………………… 大さじ2
　｜塩 ……………………… 少々

作り方
1 大根、にんじんはせん切りにし、塩をまぶして10分ほどおき、出てきた水けをしっかりと絞る。
2 ポリ袋に**1**、**A**を入れて軽くもむ。2時間以上漬けて味をなじませる。

1/4本で

作りおき

パリパリとした食感が楽しい
大根の甘酢漬け

時間10分　冷蔵2〜3日

材料（2人分）
大根 ……………………… 1/4本（300g）
塩 ……………………… 小さじ1/2
A｜酢 ……………………… 大さじ3
　｜砂糖 …………………… 大さじ2
　｜昆布（5cm四方）………… 1枚
　｜赤唐辛子（輪切り）ひとつまみ

作り方
1 大根は薄切りにする。
2 ポリ袋に**1**、塩を入れて軽くなじませて5分おく。**A**を加えて軽くもみ、なじませる。**空気を抜いて一晩冷蔵庫におく。**食べる時は軽く水けをきる。

1/4本で

ポリポリ食感がくせになる！

大根のしょうゆ漬け

時間15分 | 冷蔵2〜3日

材料（2人分）

大根 ……………………… 1/4本（300g）
塩 ……………………………… 小さじ1
A | 酢 ……………………………… 大さじ3
 | しょうゆ ………………………… 大さじ2
 | 砂糖 ……………………………… 大さじ2
 | みりん（レンジで20秒加熱する）
 | …………………………………… 大さじ1
 | 赤唐辛子（輪切り）
 | …………………………………… ひとつまみ

作り方

1 大根は長さ5cm、太さ1cmの拍子木切りにする。

2 ポリ袋に1と塩を入れて軽くもんで10分ほどおき、塩をさっと洗い流して**水けを軽く絞る**。Aを加えて冷蔵庫で1時間以上漬ける。

ごはんがあっという間にからっぽに

大根の葉とじゃこのふりかけ

時間10分 | 冷凍2週間 | 冷蔵2〜3日

材料（2人分）

大根の葉 ………………………… 150g
ちりめんじゃこ …………………… 25g
いり白ごま ……………………… 大さじ1
ごま油 …………………………… 小さじ1
A | しょうゆ ………………………… 小さじ2
 | みりん …………………………… 小さじ1

作り方

1 大根の葉は粗く刻む。

2 フライパンにごま油を中火で熱し、1を入れて炒める。しんなりとしたらちりめんじゃこを加えてさらに炒め、Aを加えて炒め合わせる。白ごまも加えて混ぜ合わせる。

小気味いい歯ごたえにお箸が止まらない

大根の皮きんぴら

時間10分 | 冷凍2週間 | 冷蔵2〜3日

材料（2人分）

大根の皮 ………………… 1本分（300g）
ごま油 …………………………… 大さじ1/2
A | しょうゆ ………………………… 大さじ1
 | 砂糖 ……………………………… 大さじ1
 | 赤唐辛子（輪切り）… ひとつまみ
 | いり白ごま ……………………… 小さじ1

作り方

1 大根の皮は4〜5mm厚さにむいて、5cm長さの細切りにする。

2 フライパンにごま油を中火で熱し、1を6分ほど炒める。

3 2にAを加えて**水分がなくなるまで炒め合わせる**。

玉ねぎ

野菜データ

- 旬の時期／秋〜春
- 注目の栄養成分／カリウム、硫化アリル、セレン
- 得られる効果／疲労回復効果、血液サラサラ効果、血圧の上昇を抑える

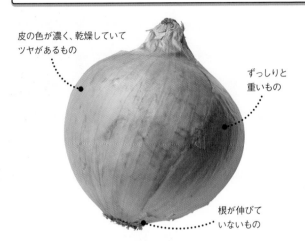

皮の色が濃く、乾燥していてツヤがあるもの

ずっしりと重いもの

根が伸びていないもの

丸ごと使って消費率 UP ！

　玉ねぎの大量消費でおすすめなのは、**そのまま丸ごと使うこと**です。中をくりぬいて詰め物をしたり、スープに使ったりすれば、消費率が上がります。また、**どんな食材とも相性がいいので、いろいろな料理に使って消費できる**のもよい点です。

保存方法

常温　約1か月

ネットなど通気性のよいものに入れ、風通しのよいところに吊るして保存してください。ネットがない場合は、新聞紙を敷いたかごに入れて冷暗所で保存してもOKです。

冷蔵　2〜3日

カットした玉ねぎは水けをふき取り、しっかりラップで包んでから保存袋に入れて冷蔵庫で保存します。

冷凍　約1か月

お好みの大きさに切って、冷凍用保存袋に入れ、冷凍庫で保存します。みじん切りにして冷凍すれば、さまざまな料理に手軽に使えるので便利です。

玉ねぎ約**16**個で、こんなにつくれる！

2個で

➡ p40　➡ p46

1個で

➡ p41　➡ p42　➡ p43

➡ p43　➡ p44　➡ p45

➡ p45　➡ p45　➡ p46

➡ p46

小1個で

➡ p41　➡ p44

1/2個で

➡ p44

玉ねぎが主役！

2個で

主菜 濃いめのスープにひたして召し上がれ！

玉ねぎの肉詰め煮

| 時間40分 | 冷蔵2〜3日 |

材料（2人分）

玉ねぎ	**2個（400g）**
合いびき肉	100g
塩	ひとつまみ
こしょう	少々
A 水	1・½カップ
しょうゆ	大さじ1
みりん	小さじ1
バター	5g
コンソメスープの素（固形）	1個
塩	少々
青ねぎ（小口切り）	適量

作り方

1 玉ねぎは上下を1cm切り落とし、上部の中心をスプーンでくり抜く。**くり抜いた玉ねぎは大さじ1・½分をみじん切りに、残りを薄切りにする。**みじん切りにした玉ねぎ、ひき肉、塩、こしょうを一緒に練り混ぜ、くり抜いた部分に詰める。

2 鍋に**A**、**1**、薄切りにした玉ねぎを入れて中火にかけ、沸騰したら弱火にして落としぶたとふたをし、30分ほど玉ねぎがやわらかくなるまで煮る。器に盛り、ねぎをちらす。

ポイント

玉ねぎをくり抜くときは、スプーンを突き立て、玉ねぎを回しながらぐるりと1周し、すくいあげるときれいにくり抜けます。

主菜 玉ねぎの肉巻き焼き
じっくり蒸し焼きにした玉ねぎが美味

時間25分 | 冷蔵2〜3日

材料(2人分)
玉ねぎ…………………1個(200g)
豚バラ薄切り肉…8枚(200g)
塩、こしょう……………各少々
薄力粉…………………適量
オリーブ油…………大さじ½
A | 水………………½カップ
　 | トマトケチャップ
　 | …………………大さじ1・½
　 | 酒………………大さじ1
　 | ウスターソース
　 | …………………大さじ½
　 | しょうゆ………小さじ½

作り方
1 玉ねぎは8等分のくし形切りにする。豚肉を巻きつけ、**巻き終わりを手でしっかりとめる**。塩、こしょう、薄力粉をまぶす。

2 フライパンにオリーブ油を中火で熱し1の**巻き終わりを下にして焼く**。ふたをして弱火にし、途中裏返して15分ほどじっくり焼いて火を通す。

3 2のフライパンの余分な油をペーパーでふき取り、Aを加えてふたをして3〜4分煮る。

1個で

ケチャップ味が食欲をそそる

主菜 玉ねぎのかき揚げ
風味や食感の異なる食材を組み合わせて

時間20分 | 冷凍2週間

材料(2人分)
玉ねぎ……………小1個(150g)
桜えび……………………6g
青じそ……………………3枚
A | 溶き卵……………½個分
　 | 水………………65㎖
　 | 薄力粉…………70g
揚げ油……………………適量
めんつゆ(お好みで)……適量

作り方
1 玉ねぎは薄切りにし、青じそは1㎝四方程度にちぎる。

2 **Aを上から順にさっくりと混ぜ、粉と水でホットケーキ生地よりややわらかい程度に調整する**。1、桜えびを入れて**ざっくり混ぜる**。

3 油を170℃に熱し、2を¼〜⅙量ずつお玉ですくって静かに入れ、5分ほど上下を途中返しながら揚げる。お好みでめんつゆを添える。

小1個で

玉ねぎの甘みがおいしい

41

チーズとツナのコクで玉ねぎを楽しむ

輪切り玉ねぎの
ツナチーズのせ焼き

時間20分

材料(2人分)

玉ねぎ	1個(200g)
塩、こしょう	各少々
オリーブ油	大さじ½
ツナ缶	1缶(75g)
溶けるチーズ	60g
パセリ(みじん切り)	適量

作り方

1 玉ねぎは1cm厚さの輪切りにし、塩、こしょうする。

2 フライパンにオリーブ油を弱火で熱し、1の玉ねぎを並べる。**ふたをして**12〜13分、途中一度裏返して玉ねぎに火が通るまで焼く。

3 2の上に、汁気を切ったツナ、チーズをのせてふたをし、チーズが溶けるまで2分ほど焼く。器に盛り、パセリのみじん切りをちらす。

1
個で

とろうま〜!

副菜

玉ねぎとふんわり卵がやさしい味わい

玉ねぎ&かにかまの卵炒め

時間15分 | 冷凍野菜OK

材料(2人分)
玉ねぎ·············1個(200g)
かに風味かまぼこ ········4本
A 卵···················2個
　塩、こしょう ······各少々
　酒···············小さじ1
B 酒···············大さじ1
　片栗粉 ··········大さじ1/2
　水···············1カップ
　鶏がらスープの素(顆粒)
　···············小さじ1
　しょうゆ ·········小さじ1
　塩、こしょう ······各少々
塩·····················少々
ごま油 ···············大さじ1

作り方
1 玉ねぎは1cm幅に切り、かに風味かまぼこは縦に3〜4等分にほぐす。A、Bはそれぞれ上から順に混ぜ合わせる。

2 フライパンにごま油半量を中火で熱し、**Aをさっと炒めて一度取り出す**。残りのごま油を入れ、1の玉ねぎに火が通るまで弱火で5分炒め、塩を加える。かに風味かまぼこを加えてさっと炒め、卵を戻し入れて軽く混ぜ、器に盛る。

3 フライパンにBを入れ、**とろみがつくまで大きく混ぜながら煮て**、2にかける。

1個で

とろりとしたあんでおいしさ UP

主菜

どこか懐かしい味のシンプルな炒め物

玉ねぎとウィンナーのケチャップ炒め

時間15分 | 冷凍野菜OK

材料(2人分)
玉ねぎ·············1個(200g)
ウィンナー················3本
オリーブ油 ········大さじ1/2
A トマトケチャップ
　···············大さじ2
　酒···············大さじ1
　カレー粉 ·········小さじ1/2
　塩、こしょう ······各少々
ドライハーブミックス···適量

作り方
1 玉ねぎは1cm幅のくし形切りにする。ウィンナーは斜めに4等分に切る。

2 フライパンにオリーブ油を弱火で熱し、1の玉ねぎを5分ほど炒めて火を通す。ウィンナーも加えて2分炒める。

3 2にAを加えて炒め合わせる。皿に盛り、ハーブをふる。

1個で

ケチャップが決め手!

 小**1**個で

副菜 そのおいしさにあっという間になくなっちゃう!

オニオンリングフライ

時間20分

材料(2人分)

玉ねぎ		小1個(150g)
塩、こしょう		各少々
薄力粉		適量
A	水	70ml
	薄力粉	70g
	マヨネーズ	大さじ2
	コンソメスープの素(顆粒)	
		小さじ1・1/2
揚げ油		適量

作り方

1 玉ねぎは1cmの輪切りにし、**ばらばらにする。**塩、こしょう、薄力粉をまぶす。

2 油を170℃に熱し、混ぜ合わせた**A**に**1**をくぐらせながら入れて**カリッとするまで**揚げる。トマトケチャップ、マスタード(各分量外)を添える。

 1個で

副菜 ナンプラー香るさっぱりサラダ

玉ねぎ＆シーフードミックスとシャンサイのエスニックサラダ

時間15分

材料(2人分)

玉ねぎ		1個(200g)
シーフードミックス(冷凍)		150g
シャンサイ		適量
A	ナンプラー	大さじ1
	サラダ油	大さじ1
	レモン汁	大さじ1/2
	赤唐辛子(輪切り)	
		ひとつまみ
ライム(くし形切り)		適量

作り方

1 玉ねぎは薄切りにして水に10分ほどさらし、ペーパーに包んで軽く絞り、水けをきる。シャンサイは3cm長さに切る。

2 シーフードミックスを沸騰した湯で3〜4分ゆでて火を通し、ざるにあげて冷ます。

3 **1**の玉ねぎ、**2**を**A**であえる。上にシャンサイをのせ、ライムを添える。

 1/2個で

副菜 コクのある酢味噌でさっぱりと!

玉ねぎとわかめの酢味噌あえ

時間15分

材料(2〜3人分)

玉ねぎ		1/2個(100g)
生わかめ(乾燥わかめを水で戻し使ってもOK)		40g
A	味噌	大さじ1・1/2
	砂糖	大さじ1/2
	酢	小さじ2
	練りがらし	小さじ1/3

作り方

1 玉ねぎは薄切りにして水に10分ほどさらし、ペーパーに包んで軽く絞り、水けをきる。

2 わかめは固いゆきの部分を切り落とし、3cm幅に切る。

3 **1**、**2**を混ぜ合わせた**A**であえる。

副菜 おかかポン酢でシンプルに玉ねぎを味わう
オニオンスライス
時間15分

材料(2人分)
玉ねぎ…………………1個(200g)
みょうが………………………1個
削り節……………………………3g
ポン酢しょうゆ… 大さじ1〜1・½

作り方
1 玉ねぎは薄切りにして水に10分ほどさらし、ペーパーに包んで軽く絞り、水けをきる。みょうがは薄い小口切りにし、水にさらして水けを絞る。
2 1を器に盛り、削り節、ポン酢しょうゆをかける。

作りおき さわやかな酸味が心地よい
玉ねぎスライスとツナの粒マスタードサラダ
時間15分 冷蔵2〜3日

材料(2人分)
玉ねぎ…………………1個(200g)
ツナ缶………………1缶(75g)
A マヨネーズ………大さじ1・½
　粒マスタード………大さじ1
　塩、こしょう…………各少々

作り方
1 玉ねぎは薄切りにして水に10分ほどさらし、ペーパーに包んで軽く絞り、水けをきる。
2 1、汁けをきったツナをAであえる。

作りおき 火を使わない簡単マリネ
玉ねぎとスモークサーモンのマリネ
時間15分 冷蔵2〜3日

材料(2人分)
玉ねぎ…………………1個(200g)
スモークサーモン……………80g
A オリーブ油………大さじ1・½
　白ワインビネガー……大さじ1
　砂糖…………………ひとつまみ
　塩、こしょう…………各少々

作り方
1 玉ねぎは薄切りにして水に10分ほどさらし、ペーパーに包んで軽く絞り、水けをきる。
2 スモークサーモンは4cm幅に切る。
3 1、2をAであえる。

作りおき

ごはんや豆腐にのっけて楽しんで

玉ねぎたっぷり牛丼の具

時間20分	冷凍2週間	冷蔵3～4日	冷凍野菜OK

材料(2人分)

玉ねぎ‥‥‥‥‥‥‥‥‥‥‥1個(200g)
牛薄切り肉(切り落とし)‥‥‥‥200g
A しょうが(せん切り)‥‥1/2片分
　酒‥‥‥‥‥‥‥‥‥‥1/4カップ
　水‥‥‥‥‥‥‥‥‥‥1/4カップ
　しょうゆ‥‥‥‥‥大さじ2・1/2
　みりん‥‥‥‥‥‥‥‥大さじ2
　砂糖‥‥‥‥‥‥‥‥‥大さじ1
　和風だしの素(顆粒)‥‥小さじ1/2

作り方

1 玉ねぎは8mm厚さの薄切りにする。牛肉は4cm幅に切る。

2 鍋にA、1を入れて中火で煮立て、弱火にしてふたをし、**時々混ぜながら**15分ほど煮る。

作りおき

じんわりやさしい玉ねぎの甘み

丸ごと玉ねぎのスープ

時間30分	冷蔵2～3日

材料(2人分)

玉ねぎ‥‥‥‥‥‥‥‥‥‥2個(400g)
ベーコン‥‥‥‥‥‥‥‥‥‥‥1枚
A 水‥‥‥‥‥‥‥‥‥‥‥2カップ
　コンソメスープの素(固形)
　‥‥‥‥‥‥‥‥‥‥‥‥‥1個
　塩、こしょう‥‥‥‥‥‥各少々
ブラックペッパー‥‥‥‥‥‥‥適量

作り方

1 玉ねぎは上下を少し切り落とし、下の部分に1cmほど切り込みを入れる。ベーコンは半分の長さに切る。

2 1の玉ねぎを1個ずつふんわりとラップに包み、電子レンジで6分ほど加熱する。

3 鍋にA、2、1のベーコンを入れて中火で一度煮立て、**落としぶたとふたをして弱火で20分ほど煮る。**食べる時にブラックペッパーをふる。

作りおき

甘くまろやかな味わい

玉ねぎクリームスープ

時間30分	冷凍2週間	冷蔵2日	冷凍野菜OK

材料(2人分)

玉ねぎ‥‥‥‥‥‥‥‥‥‥1個(200g)
バター‥‥‥‥‥‥‥‥‥‥‥‥10g
A コンソメスープの素(固形)
　‥‥‥‥‥‥‥‥‥‥‥‥‥1個
　水‥‥‥‥‥‥‥‥‥‥‥150mℓ
B 牛乳‥‥‥‥‥‥‥‥‥‥1/2カップ
　生クリーム‥‥‥‥‥‥1/2カップ
　塩‥‥‥‥‥‥‥‥‥‥‥‥少々
パセリ(みじん切り)‥‥‥‥‥‥適量

作り方

1 玉ねぎは薄切りにする。

2 鍋にバター、1を入れ、弱火で5分ほど炒める。Aを加えて中火で一度煮立て、ふたをして弱火にして15分ほど煮る。

3 2をフードプロセッサーで攪拌し、Bを加えて弱火で温める。食べる時にパセリをちらす。

長ねぎ

野菜データ

● 旬の時期／冬
● 注目の栄養成分／ビタミンC、カルシウム、硫化アリル
● 得られる効果／疲労回復効果、殺菌作用、血行促進

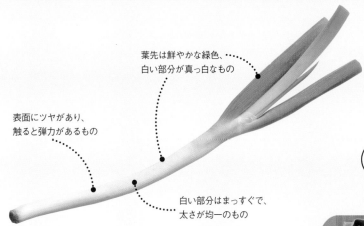

葉先は鮮やかな緑色、白い部分が真っ白なもの

表面にツヤがあり、触ると弾力があるもの

白い部分はまっすぐで、太さが均一のもの

主役にも脇役にも！ マルチに使える

ねぎは鍋料理や薬味としてのイメージが強いですが、主役にもなれる野菜です。**ぶつ切りにして焼いたり、マリネにしたりすれば、1本使うのなんてなんのその**。また、**スープや炒め物にたっぷり入れることで、大量消費できます。**

保存方法

常温 約**2**週間

新聞紙に包み、白い部分を下にして、紙袋や空き箱などに立て、冷暗所で保存してください。

冷蔵 約**1**週間

水分が蒸発しやすいので、しっかりラップで包み、冷蔵庫で保存します。短く切ったものも同様に、しっかりラップで包んで冷蔵庫へ。

冷凍 約**1**か月

斜め切り、みじん切り、小口切りなどに切って、冷凍用保存袋に入れ、冷凍庫で保存しましょう。冷凍した長ねぎは、凍ったまま汁物や炒め物に使えます。

長ねぎ約**28**本で、こんなにつくれる！

3本で

⇒ p52

⇒ p53

⇒ p54

2本で

⇒ p49

⇒ p49

⇒ p50

⇒ p51

⇒ p52

⇒ p53

⇒ p54

1/2本で
⇒ p53

1本で

⇒ p48

⇒ p51

⇒ p52

⇒ p54

やわらか〜いお肉とあま〜いねぎを堪能

主菜 # ねぎと鶏の香味蒸し煮

時間20分

材料（2人分）

長ねぎ	1本（110g）
鶏もも肉	1枚
しょうが	1/3片
にんにく	1/2片
A 酒	大さじ2
鶏がらスープの素（顆粒）	小さじ1弱
ごま油	小さじ2/3
塩	小さじ1/4
こしょう	少々

作り方

1 鶏肉は皮と脂を除く。長ねぎは斜め薄切りに、しょうがはせん切りに、にんにくはみじん切りにする。

2 鍋に1、Aを入れて軽くもみこみ、ふたをして**そのまま5分おく。**

3 2の鍋を中火にかけて一度煮立て、ふたをして弱火で8分ほど火が通るまで加熱する。鶏肉を食べやすい大きさに切る。

1本で

しっとりやわらか

主菜 甘酸っぱい味わいに、箸が進む
焼きねぎと鮭の南蛮漬け

| 時間15分 | 冷蔵2～3日 |

揚げないから簡単！

2本で

材料(2人分)
長ねぎ……………**2本 (220g)**
生鮭(切り身)…………2切れ
塩、こしょう、薄力粉
　　　　　　　　　………各適量
サラダ油……………大さじ2
A だし汁………½カップ
　 酢……………大さじ2
　 砂糖…………大さじ2
　 しょうゆ………大さじ1
　 塩……………小さじ⅙
　 赤唐辛子(輪切り)
　　　　　　…ひとつまみ

作り方
1 長ねぎは4cm長さに切る。鮭は3～4等分に切り、塩、こしょう、薄力粉をまぶす。

2 フライパンに油を中火で熱し、1を並べて5分ほど時々返しながら両面を焼いて火を通す。**余分な油はペーパーでふき取る。**

3 2に混ぜ合わせたAを入れて、保存容器に移し、できればそのまま15分以上漬ける。

主菜 豚キムチにどっさりねぎをプラスして
豚ねぎキムチ炒め

| 時間10分 | 冷凍野菜OK |

2本で

キムチ味にごはんが進む

材料(2人分)
長ねぎ……………**2本 (220g)**
豚こま切れ肉……………160g
白菜キムチ………………80g
ごま油……………大さじ½
A オイスターソース
　　　　　　　…大さじ½
　 酒……………大さじ½

作り方
1 長ねぎは斜め薄切りにする。

2 フライパンにごま油を中火で熱し、豚肉を炒める。色が変わったら長ねぎを加えて3分ほど炒めて火を通す。

3 キムチを加えて**さっと炒め合わせ**、Aを加えて混ぜ合わせる。

ジュッと油をかけて

2本で

主菜 舌でも、目でも、耳でも楽しめる一品
鯛のねぎのせ熱々ごま油かけ

時間15分

材料(2人分)

長ねぎ	**2本(220g)**
真鯛(切り身)	2切れ
にんにく(みじん切り)	1/2片分
しょうが(みじん切り)	1/3片分
塩	少々
酒	大さじ1
ごま油	大さじ2

A | オイスターソース
	小さじ2
しょうゆ	小さじ2
酢	小さじ2

シャンサイ(2cm長さに切る)
| | 適量 |

作り方

1 長ねぎは半量を白髪ねぎにし、残りは斜め薄切りにする。鯛は塩をふって5分おく。

2 耐熱皿に**1**の長ねぎの薄切り、鯛をのせて酒をふりかけ、ふんわりラップをする。電子レンジで約3分半加熱して火を通す。器に盛り、混ぜ合わせた**A**をかけ、にんにく、しょうが、白髪ねぎをのせる。

3 フライパンにごま油を熱し、**2**の白髪ねぎにかける。シャンサイを添える。

\ 卵黄をのせても美味 /

主菜 ねぎの甘みとシャキシャキ感を楽しむ
長ねぎたっぷりチゲ鍋風

時間15分 | 冷凍野菜OK

材料(2人分)
長ねぎ ………… **2本(220g)**
木綿豆腐 ……… 2/3丁(200g)
豚肩ロース薄切り肉 …… 150g
あさり(砂抜き済み) ……150g
A | 白菜キムチ ………… 80g
　 | 水 ……………… 3カップ
　 | 酒 ……………… 大さじ2
　 | コチュジャン …… 大さじ1
　 | 鶏がらスープの素(顆粒)
　 | ……………… 大さじ1

作り方
1 長ねぎは1cm厚さの斜め切りにする。豆腐は6等分に切る。豚肉は5cm幅に切る。あさりはこすり合わせてよく洗う。

2 鍋にA、1の長ねぎを入れて中火で沸騰させ、5分ほど煮る。

3 2の鍋に、あさり、豚肉、豆腐を入れて再度煮立て、火を弱めて吹きこぼれない程度に調節し、ふたをして5分ほど煮て火を通す。

主菜 お餅とねぎのおいしいマリアージュ
長ねぎベーコンの餅グラタン

時間25分 | 冷凍野菜OK

材料(2人分、18cm皿1つ分)
長ねぎ ………… **1本(110g)**
餅(切り餅) …………… 3枚
ベーコン ……………… 80g
バター ……………… 10g
薄力粉 ………… 大さじ1/2
A | 生クリーム ……… 130ml
　 | 味噌 ……… 小さじ1弱
塩、こしょう ……… 各少々
溶けるチーズ ………… 70g
＊耐熱容器に油(分量外)を塗っておく

作り方
1 餅はオーブンシートにのせ、電子レンジで20〜30秒加熱し、4等分に切る。ベーコンは1cm幅に切り、長ねぎは斜め薄切りにする。

2 フライパンにバターを中火で熱し、1の長ねぎ、ベーコンを炒め、薄力粉をふり入れて混ぜる。Aを加えて混ぜながら1〜2分煮て塩、こしょうし、餅を加えて混ぜる。

3 耐熱容器に2を入れ、チーズをのせて、トースターで10〜15分加熱する。

\ ほっこり おいしい! /

2本で

主食

オイスターソースが決め手！

ねぎ＆にんにく焼きそば

時間15分

材料(2人分)

長ねぎ	**2本(220g)**
焼きそば用蒸しめん	2パック
にんにく	2片
豚バラ薄切り肉	150g
ごま油	大さじ1
A オイスターソース	大さじ1
ラー油	小さじ2
しょうゆ	小さじ1〜1・½

作り方

1 長ねぎは斜め薄切りにする。にんにくは芯を除いて薄切りにする。豚肉は3㎝幅に切る。

2 フライパンにごま油、1のにんにく、豚肉を入れて中火にかけ、肉の色が変わるまで炒める。長ねぎを加えて炒め合わせる。

3 めんと水¼カップ(分量外)を加え、ほぐしながら中火で炒める。Aを加えて炒め合わせる。

3本で

副菜

マヨ＆チーズがねぎのうまみを引き立てる

長ねぎのマヨネーズチーズ焼き

時間10分

材料(2人分)

長ねぎ(白い部分)	**3本分**
マヨネーズ	適量
溶けるチーズ	40g
塩	少々

作り方

1 長ねぎは6㎝長さに切り、耐熱容器に並べる。

2 1に塩をして、マヨネーズをかけ、溶けるチーズをのせる。

3 2をトースターで7分ほどねぎに火が通るまで焼く。

1本で

副菜

あさりのうまみが溶け込んだ

あさりとねぎの中華スープ

時間15分 冷凍野菜OK

材料(2〜3人分)

長ねぎ(小口切り)	**1本(110g)**
にんにく(みじん切り)	1片分
あさり(砂抜き済み)	150g
ごま油	小さじ1
A 水	2カップ
酒	大さじ1
鶏がらスープの素(顆粒)	大さじ½
B しょうゆ	小さじ½
塩、こしょう	各少々
ラー油(お好みで)	適量

作り方

1 あさりはこすり合わせてよく洗う。

2 鍋にごま油を熱し、長ねぎ、にんにくを入れて4分ほど炒める。Aを入れ、一度煮立て、あさりを加える。あくが出てきたらすくい取る。**ふたをして**あさりの口が開くまで3〜4分、さらに1〜2分煮て火を通す。

3 Bを加えて味を調える。器に盛り、お好みでラー油をたらす。

作りおき

めんにのせたり生野菜にディップしても

ねぎと豚ひき肉味噌

| 時間15分 | 冷凍2週間 | 冷蔵3～4日 | 冷凍野菜OK |

材料（作りやすい分量）

長ねぎ…………… 1・½本（150g）
豚ひき肉………………………300g
ごま油……………………小さじ1
A｜味噌…………………大さじ2
　｜みりん、酒………各大さじ1
　｜しょうゆ、砂糖…各小さじ1
　｜しょうが（すりおろし）
　｜………………………小さじ1
ごはん……………………………適量

作り方

1 長ねぎはみじん切りにする。

2 フライパンにごま油を中火で熱し、1、ひき肉を入れて、**肉の色が完全に変わるまで5分ほど炒める**。余分な油はペーパーでふき取る。

3 2にAを入れて炒め合わせる。ごはんなどにのせる。

1・½本で

作りおき

寒い日にぴったり！　ほっと温まる

長ねぎのミルクスープ

| 時間15分 | 冷凍2週間 | 冷蔵2日 | 冷凍野菜OK |

材料（2人分）

長ねぎ…………………2本（220g）
ベーコン…………………………1枚
バター……………………………10g
薄力粉……………………大さじ1
A｜水……………………1カップ
　｜コンソメスープの素（固形）
　｜………………………………1個
B｜生クリーム………¼カップ
　｜牛乳…………………150㎖
　｜塩、ブラックペッパー… 各少々

作り方

1 長ねぎは斜め薄切りにする。ベーコンは1㎝幅に切る。

2 鍋にバターを中火で熱し、1を入れて4分ほど炒める。薄力粉をふり入れて炒め合わせる。Aを加えて混ぜ、一度煮立て、弱火にしてふたをし、3分ほど煮る。

3 Bを加えて弱火で温め、食べるときにブラックペーパー（分量外）をふる。

2本で

作りおき

焼いて漬けるだけで簡単！

焼きねぎのオリーブオイルマリネ

| 時間15分 | 冷蔵2～3日 |

材料（2人分）

長ねぎ…………………3本（330g）
A｜オリーブ油…………大さじ3
　｜酢……………………大さじ1
　｜塩…………………小さじ⅙
　｜ブラックペッパー………少々

作り方

1 長ねぎは4㎝長さに切る。アルミホイルの上に並べ、**トースターで12分ほど、途中上下を返しながら長ねぎがしんなりして焦げ目が軽くつくまで焼く**。

2 1が熱いうちに混ぜ合わせたAに漬ける。

3本で

1本で

お酒のおともに
ねぎとたこの酢味噌あえ

| 時間10分 | 冷蔵2日 | 冷凍野菜OK |

材料(2人分)

長ねぎ	1本(110g)
ゆでたこ	80g
A 味噌	大さじ1
酢	大さじ1/2
砂糖	大さじ1/2
練りがらし	小さじ1/3

作り方

1 長ねぎは4cm長さに切り、縦半分に切る。沸騰した湯で3分ほどゆでてざるに上げ、**冷水でさっと冷やし、軽く絞る。**

2 たこはそぎ切りにする。

3 1、2を混ぜ合わせた**A**であえる。

2本で

ザーサイのコリッとした食感とともに
ねぎとザーサイのナムル

| 時間7分 | 冷凍2週間 | 冷蔵2〜3日 | 冷凍野菜OK |

材料(2人分)

長ねぎ	2本(220g)
ザーサイ	30g
A ごま油	大さじ1
鶏がらスープの素(顆粒)	小さじ1/3
こしょう	少々
にんにく(すりおろし)	小さじ1/3

作り方

1 長ねぎは斜め薄切りにする。耐熱容器に入れてふんわりとラップをし、電子レンジで約50秒**歯ごたえが残る程度に加熱する。**水けが出たらきる。

2 ザーサイは粗く刻む。

3 1、2を混ぜ合わせた**A**であえる。

3本で

レモンの風味でさっぱり
焼きねぎのめんつゆレモン風味ひたし

| 時間15分 | 冷蔵2〜3日 |

材料(2人分)

長ねぎ	3本(330g)
A めんつゆ(2倍濃縮)	大さじ3
水	大さじ2
レモン(いちょう切り)	1/3個分

作り方

1 長ねぎは6cm長さに切る。アルミホイルの上に並べ、**トースターで12分ほど、長ねぎがしんなりして焦げ目が軽くつくまで焼く。**途中上下を返す。

2 1が熱いうちに混ぜ合わせた**A**に漬ける。

ポイント

1日以上漬けおくときは、レモンから苦みが出るので、途中でレモンを取り除いて。

レタス

野菜
データ

- **旬の時期**／晩春〜初夏
- **注目の栄養成分**／食物繊維、ビタミンC
- **得られる効果**／免疫力を高める効果、整腸作用

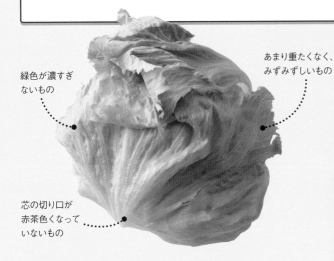

緑色が濃すぎ
ないもの

あまり重たくなく、
みずみずしいもの

芯の切り口が
赤茶色くなって
いないもの

レタス約**3**個で、
こんなにつくれる！

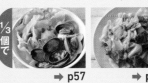

1/3個で
➡ p57　➡ p57　➡ p60

1/4個で
➡ p59　➡ p59　➡ p59

➡ p60　➡ p60

1/6個で
➡ p58

6枚で
➡ p56　➡ p58

大きくちぎればたっぷり使える！

　レタスは傷みやすいので、早めに使い切るためにも大量消費しましょう。コツは、**大きくちぎって使うこと**。また、生のレタスで具を包んで食べるのもおすすめです。**蒸し物やスープなどに使えばしんなりするので、かさを減らすことができます。**

保存方法

冷蔵 **約2週間**

傷みの原因となる葉の表面についた水分は、ペーパーでふき取ってください。そして、芯の部分に水で濡らしたペーパーをあて、水分の蒸発を防ぎます。
その後、新聞紙で包み、ぴったりラップをしてから、冷蔵庫で保存しましょう。
こうすることで、レタスが乾燥することなく、長持ちします。

冷蔵 **当日のみ**

レタスをコンパクトに保存したい場合は、食べやすい大きさにちぎり、保存袋に入れます。ただし、ちぎったものは長期間の保存ができないため、その日に使うようにしましょう。

memo

芯が変色したレタスは食べられるの？

芯の部分が赤茶色に変色するのは、ポリフェノール色素が空気に触れ、酸化するためです。食べても問題はありませんが、気になるようなら取り除いて食べるとよいでしょう。

55

主菜

レタスをたっぷり食べるなら、包むに限る！

レタスのひき肉味噌のせ

時間15分

材料（2人分）

レタス	6枚（180g）
豚ひき肉	160g
長ねぎ	5㎝
ごま油	大さじ1
A 味噌	大さじ1
酒	大さじ1
しょうゆ	小さじ1
砂糖	小さじ1
しょうが（すりおろし）	小さじ½

作り方

1 レタスは洗って水けをきっておく。長ねぎはみじん切りにする。

2 フライパンにごま油を中火で熱し、豚肉、1の長ねぎを入れて炒め、肉の色が変わったらAを加えて炒め合わせる。

3 1のレタスに2をのせて包みながら食べる。

ポイント

レタスのほか、サラダ菜、リーフレタスなどお好みのレタスでOK。上にマヨネーズを絞って食べてもおいしい。

6枚で

みるみるレタスがなくなっちゃう

1/3 個で

シャクシャク！

主菜 あさりのだし&にんにくの風味でレタスを堪能

レタスとあさりのさっと煮

時間10分

材料（2人分）
レタス …………… 1/3個（200g）
あさり（砂抜き済み）…… 150g
にんにく …………………… 1片
A｜水 ………………… 1/2カップ
　｜酒 ………………… 大さじ1
　｜ごま油 ………… 小さじ1
塩、こしょう …………… 各少々

作り方
1 レタスは大きめに4〜6等分に切る。あさりはよく洗う。にんにくはみじん切りにする。

2 鍋にAと1のにんにく、あさりを入れて中火にかけ、沸騰したらふたをし、3分ほど煮る。

3 あさりの口が開いたら、**レタスを入れて1分ほど煮て**、塩、こしょうで味を調える。

主菜 カリッと焼いた豚バラと合わせればごちそうに！

カリカリ豚とレタスのさっと炒め

時間10分

材料（2人分）
レタス …………… 1/3個（200g）
豚バラ薄切り肉 ………… 150g
塩 ……………………………… 少々
サラダ油 …………… 小さじ1
A｜しょうゆ ……… 小さじ2
　｜みりん ………… 小さじ1
　｜にんにく（すりおろし）
　｜ ……………………… 小さじ1/2
　｜塩、こしょう ……… 各少々

作り方
1 レタスは大きめにざく切りにし、**水けをペーパーでしっかりとふく。**豚肉は4cm幅に切り、塩をまぶす。

2 フライパンに油を中火で熱し、1の豚肉を3分ほど色が変わるまで炒める。油大さじ1/2程度を残してペーパーで油を吸い取る。

3 2のフライパンに1のレタス、Aの順に加えて**強火で手早く炒める。**

1/3 個で

カリカリ、シャキシャキ

シャキパラ～

1/6個で

レタスの歯ざわりが小気味いい
レタスチャーハン

時間15分

材料(2人分)
レタス …………1/6個(100g)
ごはん …………茶碗多めに
　2杯分(400g)
焼き豚 ……………………50g
長ねぎ ……………………6cm
卵 …………………………1個
ごま油 …………大さじ1・1/2
A　しょうゆ ………大さじ1/2
　鶏がらスープの素(顆粒)
　……………………小さじ1
　塩、こしょう ………各少々

作り方
1 焼き豚は厚さ8mmに切り、1.5cm四方に切る。レタスはざく切りにする。長ねぎはみじん切りにする。卵は溶く。

2 フライパンにごま油を中火で熱し、1の長ねぎ、焼き豚を2分ほど炒める。ごはんを入れて炒め合わせ、さらに卵、Aの順に加えてその都度炒め合わせる。

3 2に1のレタスを入れて**手早く炒める**。

断面も美しい!

6枚で

主食 レタスぎっしりボリューミー
たっぷりレタスと
サーモンのサンド

時間10分

材料(2人分)
レタス ……………4～6枚
　(120～180g)
8枚切り食パン …………4枚
スモークサーモン ………8枚
クリームチーズ …………40g
バター、マスタード、
　マヨネーズ ………各適量

作り方
1 パンの内側になる片面にバターとマスタードをぬる。

2 レタスは洗って**水けをふき、手で軽くはさむようにして平らにして**、2～3枚を一組にする。1を2枚一組にして、パン、クリームチーズ、レタス、マヨネーズ、スモークサーモン、パンの順にはさみ、**ラップをして冷蔵庫で20分ほどなじませる**。

3 2を2～4等分の食べやすい大きさに切る。

ポイント
食パンをバゲットに変えてもおいしい。

副菜 くたっとしたレタスも美味！
レタスとミニトマトの卵スープ

時間10分

1/4個で

材料（2人分）

レタス … 1/6〜1/4個（100〜150g）
ミニトマト …………………… 6個
卵 ………………………………… 1個
A 水 ……………………… 350mℓ
　 コンソメスープの素（固形）
　 ……………………………… 1個
塩、こしょう …………… 各少々

作り方

1 レタスはちぎる。ミニトマトはヘタを取る。

2 鍋にAを入れ中火で沸騰させ、1を入れて再度沸騰させる。

3 2の鍋に溶いた卵を回し入れ、**ふんわりと卵が浮いてきたらひと混ぜし、塩、こしょうで味を調える。**

副菜 ちぎって、かけて、ちらして完成！
レタスのキムチのせ韓国風サラダ

時間5分

1/4個で

材料（2人分）

レタス …………………… 1/4個（150g）
白菜キムチ ……………………… 30g
塩 ………………………………… 少々
韓国のり ……………………… 適量
ごま油 ………………………… 適量
いり白ごま ……………… 小さじ1/2

作り方

1 レタスはちぎって器に盛る。

2 1に塩をふり、ごま油を回しかけ、キムチをのせる。ちぎったのり、ごまをちらす。食べる時は混ぜながら食べる。

ポイント
韓国風のりがない時は、焼きのりでOK。

副菜 レタスを鯛のお刺身でドレスアップ！
真鯛とレタスのカルパッチョ風サラダ

時間15分

1/4個で

材料（2人分）

レタス …………………… 1/4個（150g）
真鯛（刺身用、さく）………… 80g
かいわれ菜 ……………… 1/4パック
レモン ………………………… 1/6個
A オリーブ油 ………… 大さじ2
　 レモン汁 …………… 大さじ1
　 しょうゆ …………… 小さじ1/2
　 塩、ブラックペッパー … 各少々

作り方

1 レタスは細切りにする。かいわれ菜は根元を切り落とし、3cm長さに切って水にさらし、水けをきる。レモンは薄いいちょう切りにする。

2 真鯛は薄いそぎ切りにする。

3 1のレタスを皿に敷き詰め、上に2の真鯛をのせる。混ぜ合わせたAをかけ、レモンをちらし、かいわれ菜をのせる。

1/3個で

副菜

とろ～り温玉が食欲をそそる

くし形切りレタスの温玉＆しらすのせサラダ

時間10分

材料(2人分)

レタス ……………………… 1/3個(200g)
しらす ………………………………… 30g
温泉卵 ……………………………………1個
A 玉ねぎ(すりおろし)
　　…………………………… 大さじ1
　サラダ油、オリーブ油、酢
　　…………………………… 各大さじ1
　しょうゆ ………………… 小さじ1
　砂糖 …………………… 小さじ1/4
　塩 ……………………… 小さじ1/6

作り方

1 レタスは4等分のくし形に切り、器に並べる。

2 1にしらす、温泉卵の順にのせる。

3 泡立て器などで混ぜたAをかける。

(ポイント)

お好みで青じそのせん切り、ねぎなどをちらしても。

1/4個で

副菜

いろいろな食材を一度に楽しめる

レタスのチョップドサラダ

時間15分

材料(2人分)

レタス ………………… 1/4個(150g)
アボカド ……………………………… 1/2個
赤玉ねぎ ……………………………… 1/6個
サラダチキン ………………………… 1/2枚
A オリーブ油………………… 大さじ2
　酢 ………………………… 大さじ1
　塩 ……………………… 小さじ1/4
　ブラックペッパー ……… 少々

作り方

1 レタス、アボカドは1cm程度の大きさに切る。玉ねぎはみじん切りにして水に5分さらし、**ペーパーに包んで水けを絞る**。サラダチキンは1cm角に切る。

2 ボウルに1を入れ、混ぜ合わせたAであえる。

(ポイント)

ゆでたブロッコリー、トマト、パプリカなど野菜はお好みで。マヨネーズをかけてもOK。

1/4個で

副菜

マイルドな酸味でさっぱり

レタスとわかめ、かにかまの酢の物

時間7分

材料(2人分)

レタス ………………… 1/4個(150g)
生わかめ ……………………………… 30g
かに風味かまぼこ ……………………2本
塩 ………………………………………少々
A 酢 ………………………… 大さじ2
　砂糖………………………… 小さじ2
　しょうゆ ………………… 小さじ1/3
　塩 ………………………………少々

作り方

1 レタスは一口大にちぎり、塩をまぶして軽くもみ、水けをやさしく絞る。

2 わかめは3cm幅に切る。かに風味かまぼこはほぐす。

3 1、2を混ぜ合わせたAであえる。

にんじん

野菜データ
- 旬の時期／春、秋
- 注目の栄養成分／βカロテン、カリウム、食物繊維
- 得られる効果／抗酸化作用、高血圧予防、整腸作用

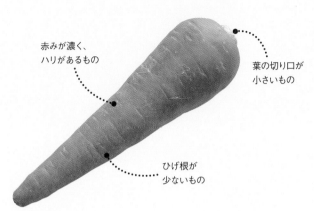

赤みが濃く、ハリがあるもの

葉の切り口が小さいもの

ひげ根が少ないもの

細かく刻んだり、加熱しておいしく消費！

にんじんは、せん切り、すりおろし、みじん切りなど、**細かく切り、ほかの具材と混ぜて使う**のが大量消費のポイントです。また、加熱すると甘みが増すので、大きく切ってソテーにしたり、煮たりすると、おいしく消費できます。

保存方法

常温 約**1**週間

にんじんは湿気を嫌うため、1本ずつ新聞紙で包み、かごなどの通気性のよいものに入れ、冷暗所で保存してください。

冷蔵 **2〜3**週間

水けをペーパーなどでふき、1本ずつ新聞紙で包んでからポリ袋に入れ、葉の切り口を上にして立てて、冷蔵庫で保存しましょう。

冷凍 **2〜3**週間

せん切りや薄めのいちょう切りなどお好みの大きさに切って、冷凍用保存袋に入れ、冷凍庫で保存します。

にんじん約**15**本で、こんなにつくれる！

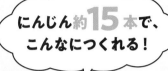

2本で → p62

1本で → p63

→ p64

→ p66

→ p66

→ p67

→ p67

→ p68

→ p68

→ p68

小1本で → p65

→ p66

1/2本で → p63

→ p65

→ p67

主菜

丸ごと1本味わうなら

にんじんステーキ カリカリベーコンのせ

時間15分

材料（2人分）

にんじん ……………… 2本（400g）

ベーコン ………………………… 2枚

バター ………………………… 10g

塩、ブラックペッパー …… 各少々

しょうゆ ……………… 小さじ1

作り方

1 にんじんはヘタを切り落とし、縦半分に切って、1個ずつふんわりとラップに包む。電子レンジで4〜5分、途中上下を返して加熱する。ベーコンは1cm幅に切る。

2 フライパンにバターを中火で熱し、1を入れ、こんがりと焼く。塩、ブラックペッパーをふる。火を止める直前にしょうゆを加える。器ににんじんを盛り、上にベーコンをのせ、フライパンに残ったバターしょうゆをかける。

2本で

\ 豪快！ /

主菜

にんじんぎっしりで食べごたえ十分

にんじんとベーコンの スパニッシュオムレツ

| 時間15分 | 冷蔵2日 |

½
本で

ふっくら
おいしい！

材料（2人分、20cmの フライパン1台分）

にんじん ……… ½本（100g）
ベーコン ……………… 2枚
A　卵 ……………………… 4個
　　牛乳 ……………… 大さじ1
　　塩 ……………… 小さじ¼
　　こしょう ………… 少々
オリーブ油 ……… 大さじ1
トマトケチャップ …… 適量

作り方

1 にんじんはせん切りピーラーなどで細いせん切りにする。ベーコンは1cm幅に切る。ボウルに入れ、**A**と一緒に混ぜ合わせる。

2 フライパンにオリーブ油を中火で熱し、**1**を入れて**大きく何度か混ぜ、半熟になったら弱火にしてふたをする**。5分ほどして底面に焼き色がつき、固まってきたら裏返す。ふたをして同様に4〜5分焼いて火を通す。皿に移して切り分け、ケチャップを添える。

主菜

甘いにんじんとピリリとした柚子こしょうが好相性

にんじんと鶏ひき肉の 柚子こしょう炒め

| 時間20分 | 冷凍野菜OK |

1
本で

柚子こしょう
香る逸品

材料（2人分）

にんじん（せん切り）
　……………… 1本分（200g）
鶏ももひき肉 ………… 200g
塩、こしょう ……… 各少々
サラダ油 ……… 大さじ½
A　酒 …………… 大さじ1
　　バター ……………… 5g
　　柚子こしょう
　　　……………… 小さじ1弱
　　塩 ………………… 少々

作り方

1 鶏肉は板状になるよう手で押しつけて塩、こしょうをふる。

2 フライパンに油をひき、**1**をフライパンに入れて、中火にかける。**へらで2cm角程度に切りながら4分ほど途中上下を返して焼く**。にんじんを加えてさらに3〜4分炒め合わせる。

3 **2**のフライパンの余分な脂をペーパーでふき取り、**A**を加えて**さっと炒め合わせる**。

溶けるチーズを
のせても

1本で

たっぷりのせん切りにんじんでボリューミー

主菜 **にんじんハンバーグ**

時間20分 | 冷凍2週間 | 冷蔵2〜3日

材料(2人分)

にんじん ……………… **1本(200g)**

A
合いびき肉………………… 200g
玉ねぎ…………………… 1/6個
卵 …………………………… 1個
パン粉…………………… 1/3カップ
塩 …………………………… 小さじ1/4
こしょう………………………… 少々
ナツメグ(またはオールスパ
イス、あれば) ……… 少々
オリーブ油 ………… 大さじ1/2

B
トマト水煮缶………… 1カップ
水 ……………………… 1/2カップ
酒 …………………………… 大さじ2
コンソメスープの素(固形)
…………………………… 1/2個
ドライハーブミックス
…………………………… 小さじ1/3

作り方

1 にんじんはせん切りピーラーなどで細いせん切りにする。Aの玉ねぎはみじん切りにする。ボウルににんじん、Aを入れて練り混ぜ、2等分にして**平たい楕円形にまとめる**。

2 フライパンにオリーブ油をひき、**1**を並べて中火にかけ、5分ほど両面に焼き色がつくまで焼く。

3 **2**の空いているところにBを入れて一度沸騰させ、**ふたをして弱めの中火にして7分ほど煮込む**。

副菜 もう1品欲しいときにもぴったり！

にんじんとにらのチヂミ

時間15分

材料（2人分）

にんじん ……… 1/2本（100g）
にら ……………………… 1/2把
ごま油 ……………… 大さじ1/2
A 薄力粉 ………………… 80g
　 片栗粉 ………………… 20g
　 卵 ……………………… 1個
　 水 ………………… 1/2カップ
　 鶏がらスープの素（顆粒）
　 ……………………… 小さじ1弱
B しょうゆ ……… 大さじ1
　 酢 ……………… 大さじ1/2
　 コチュジャン ……… 小さじ1
　 砂糖 …………… 小さじ1

作り方

1 にんじんはせん切りに、にらは3cm長さに切る。

2 混ぜ合わせた**A**に、**1**を加えて混ぜる。

3 フライパンにごま油を中火で熱し、**2**を流し入れて**薄くのばし**、両面こんがりと6分ほど焼く。食べやすい大きさに四角に切り分けて皿に盛り、混ぜ合わせた**B**のたれを添える。

1/2本で

カリッと
もちっと！

主食 にんじん本来の甘さとバターがマッチ！

すりおろしにんじんライス

時間50分　冷凍2週間

材料（作りやすい分量）

にんじん ……… 小1本（150g）
米 ……………………………… 2合
塩 ………………………… 小さじ1/2
バター ………………………… 10g
パセリ（みじん切り、
　 お好みで）…………… 適量

ポイント
ベーコンやウィンナーを切って入れてもおいしい。そのまま食べるのはもちろん、カレーや、ポークソテーに添えても。

作り方

1 米は洗って炊飯器に入れ、2合の水加減にし、30分以上吸水させる。

2 にんじんは皮をむいてすりおろす。

3 **1**の水を大さじ2捨てて、塩を入れて混ぜる。**2**、バターをのせ、通常モードで炊く。炊きあがったらさっくりと混ぜ、お好みでパセリをちらす。

小1本で

おかわり必至！

小1本で

副菜 にんじんのおいしさを再発見！

にんじんのポタージュスープ

時間25分 | 冷凍2週間 | 冷蔵2日

材料（2人分・作りやすい分量）

にんじん …………… **小1本（150g）**
じゃがいも ……………………… ½個
玉ねぎ ……………………………… ⅓個
バター …………………………… 10g
A ｜ 水 …………………………… 1カップ
　｜ コンソメスープの素（固形）
　｜ ……………………………… ½個
B ｜ 牛乳 ………………………… 150㎖
　｜ 生クリーム ……………… ½カップ
　｜ 塩 ……………………………… 少々

作り方

1 にんじん、じゃがいもは皮をむいて5mm厚さの輪切りにする。玉ねぎは薄切りにする。

2 鍋にバターを弱火で熱し、1を5分ほど炒める。Aを加えて一度煮立て、弱火にしてふたをし、10分ほど煮る。

3 2の粗熱が取れたらフードプロセッサーで攪拌し、Bを加えて弱火で沸騰直前まで温める。器に盛り、お好みでクルトン（分量外）をのせる。

1本で

副菜 つけ合わせだけじゃもったいない！

にんじんのバターグラッセ

時間20分 | 冷蔵2〜3日

材料（2人分、作りやすい分量）

にんじん …………… **1本（200g）**
A ｜ 水 …………………………… ½カップ
　｜ バター ………………………… 4g
　｜ 砂糖 …………………………… 大さじ½
　｜ 塩 ………………… 少々（小さじ⅛）

作り方

1 にんじんは皮をむいて**シャトー切りにする**。

2 鍋にA、1を入れて中火で一度沸騰させ、**ふたをして弱火にし**、15分ほどにんじんに竹串がすっと通るまで煮る。

 ポイント

にんじんは輪切りにして作ってもOK。さつまいもと一緒に煮てもおいしい。

1本で

副菜 にんじん嫌いも好きになる

キャロットラペ

時間10分 | 冷蔵2日

材料（2人分）

にんじん …………… **1本（200g）**
レーズン ………………………… 大さじ2
A ｜ オリーブ油 ……… 大さじ1・½
　｜ レモン汁（または酢）… 小さじ1
　｜ 塩 ……………………… 小さじ¼

作り方

1 にんじんはせん切りピーラーで細切りにする。

2 ボウルに1、レーズンを入れ、Aであえる。

ポイント

くるみ、ツナなどを入れてもおいしい。クミンパウダーを少量ふっても。

副菜

にんじんと脂ののったさばをレモンでさっぱり食べる
せん切りにんじんと塩さばのレモンマリネ

| 時間15分 | 冷蔵2日 |

材料(2人分)

にんじん ……………… **1本(200g)**
塩さば ………………… 半身1枚
レモン ………………… 1/2個
A｜ オリーブ油 ……… 大さじ2・1/2
　｜ 塩、こしょう ……… 各少々
　｜ 砂糖 ……………… ひとつまみ
　｜ ローリエ(あれば) …… 3枚

作り方

1 にんじんはスライサーなどで細いせん切りにする。塩さばは2cm幅に切って魚焼きグリルまたはトースターで約7分**こんがりと焼く**。レモンは薄切り2枚分をいちょう切りにし、残りは絞って**A**と合わせる。

2 1を**A**であえる。

作りおき

甘辛い味にごはんが進む
にんじんとちくわのきんぴら

| 時間15分 | 冷凍2週間 | 冷蔵2〜3日 |

材料(2人分)

にんじん ……………… **1本(200g)**
ちくわ ………………… 1本
ごま油 ………………… 大さじ1/2
A｜ 砂糖 ……………… 大さじ1
　｜ しょうゆ ………… 大さじ1
　｜ いり白ごま ……… 小さじ1/2

作り方

1 にんじんは短冊切りにする。ちくわは縦半分に切り、5mm幅の斜め切りにする。

2 フライパンにごま油を中火で熱し、1を4分ほど炒める。**A**を加えて**水分が飛ぶまで**炒め合わせる。

作りおき

サブおかずにぴったり
にんじんと切り干し大根の煮物

| 時間40分 | 冷凍2週間 | 冷蔵2〜3日 | 冷凍野菜OK |

材料(2人分)

にんじん ……………… 1/2本(100g)
油揚げ ………………… 1/2枚
切り干し大根 ………… 30g
サラダ油 ……………… 大さじ1/2
A｜ だし汁 …………… 1・1/2カップ
　｜ しょうゆ ………… 大さじ1・2/3
　｜ 砂糖 ……………… 大さじ1・1/2
　｜ みりん、酒 ……… 各大さじ1

作り方

1 にんじんは4cm長さのせん切りにする。油揚げは幅を3等分にして5mm幅に切る。切り干し大根は水で15分戻して水けを軽く絞り、長さを4等分に切る。

2 鍋に油を中火で熱し、1を3分ほど炒める。**A**を加えて一度煮立て、沸騰したら弱火にして**ふたをし**、15分ほど煮る。

作りおき

くるみがアクセント！
にんじんのくるみあえ

時間10分 | 冷凍2週間 | 冷蔵2日 | 冷凍野菜OK

材料(2人分)

にんじん ……………… **1本(200g)**
くるみ ……………………… 35g
A｜塩 ……………………… 少々
　｜しょうゆ …………… 小さじ1
　｜砂糖 ………………… 小さじ½

(ポイント)

くるみの代わりにごまを使って、ごまあえにしてもおいしい。味噌を少し入れても。

作り方

1 にんじんは**せん切りピーラーなどで細いせん切りにし**、耐熱容器に入れてふんわりとラップをして、約1分加熱する。水けが出たらペーパーで包み、水けを軽くとる。

2 くるみは厚手のポリ袋などに入れてめん棒でたたいてつぶす。

3 1、2を混ぜ合わせたAであえる。

作りおき

オレンジの甘酸っぱさがにんじんの甘さを引き立てる
ピーラーにんじんとオレンジのサラダ

時間10分 | 冷蔵2日

材料(2人分)

にんじん ……………… **1本(200g)**
オレンジ …………………… 1個
A｜オリーブ油 ……… 大さじ1・½
　｜酢 ………………… 小さじ1
　｜レモン汁 …………… 小さじ1
　｜塩 ……………………… 小さじ⅓
　｜こしょう ……………… 少々

作り方

1 にんじんはピーラーで**薄くリボン状に切る**。

2 オレンジは薄皮をむき、半分に切る。

3 1、2を混ぜ合わせたAであえる。

作りおき

食感も彩りも楽しめる
にんじんといんげんのエスニックサラダ

時間10分 | 冷蔵2日

材料(2人分)

にんじん ……………… **1本(200g)**
さやいんげん …………………… 4本
桜えび ……………………… 3g
カシューナッツ（粗く刻む）…… 20g
シャンサイ ………………… 適量
A｜ナンプラー ………… 大さじ1
　｜サラダ油 …………… 大さじ1
　｜レモン汁 …………… 大さじ½
　｜赤唐辛子（輪切り）ひとつまみ

作り方

1 にんじんはせん切りにして塩少々（分量外）でもみ、**水けを軽く絞る**。

2 いんげんは沸騰した湯で5分ゆでて冷水にとり、斜め切りにする。

3 1、2、桜えびをAであえる。食べるときにカシューナッツ、2cm長さに切ったシャンサイをちらす。

(ポイント)

ナッツはピーナッツ、くるみ、アーモンドなどお好みのものでOK。

きゅうり

野菜データ

- 旬の時期／夏
- 注目の栄養成分／カリウム、ビタミンC
- 得られる効果／利尿作用、むくみ解消

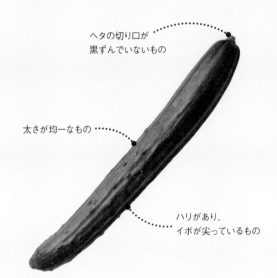

ヘタの切り口が
黒ずんでいないもの

太さが均一なもの

ハリがあり、
イボが尖っているもの

きゅうり約**34**本で、こんなにつくれる！

4本で
➡ p76　➡ p76　➡ p76

2本で
➡ p70　➡ p71　➡ p71

➡ p73　➡ p73　➡ p74

➡ p75　➡ p75　➡ p75

1・1/2個で
➡ p72

1本で
➡ p74　➡ p74

生だけじゃない！　炒め物にも

　生で食べることが多いきゅうり。塩もみしてかさを減らせば、あえ物や酢の物、トッピングとしてたっぷり使えます。また、**ピクルスや漬物にすれば、長期保存も可能**です。使い道はそれだけにあらず。**炒め物**なら、きゅうりを大量に使えます。

保存方法

常温 **1〜2**日
1本ずつペーパーで包んでポリ袋に入れて冷暗所で保存します。ただし、常温保存は冬場のみしかおすすめできません。

冷蔵 約**1**週間
きゅうりは表面に水けがついていると傷みやすくなるため、ペーパーなどで水分をふき取ってください。また、低温にも弱いので、1本ずつペーパーで包むようにしましょう。それから、ポリ袋に入れ、冷蔵庫で立てて保存します。

玉ねぎドレッシングがおいしさのポイント

カリカリ豚ときゅうりの
玉ねぎドレッシングあえ

時間15分

材料(2人分)

きゅうり ················ **2本(200g)**
豚肩ロース薄切り肉 ········ 150g
塩、こしょう、薄力粉 ····· 各適量
サラダ油 ················· 大さじ1
A ┌ 玉ねぎ(すりおろし)
　　└ ················· 1/8個分
　　酢 ············· 大さじ1・1/2
　　サラダ油 ······· 大さじ1・1/2
　　しょうゆ ······· 小さじ1・1/2
　　砂糖 ············· 小さじ1/2
　　練りがらし ········· 小さじ1/3
　　塩 ··················· 少々

作り方

1 きゅうりはポリ袋に入れてめん棒で大きめにたたき、食べやすい大きさにする。

2 豚肉は5cm幅に切り、塩、こしょうをふり、薄く薄力粉をふる。フライパンに油を中火で熱し、肉がカリカリになるまで両面焼いて、**ペーパーの上などに取り出し、油をきる。**

3 **食べる直前に1、2**を混ぜ合わせた**A**であえる。

ポイント

食べる直前にあえることで、豚肉のカリッと感を維持できます。

コリッ!
カリッ!

2本で

主菜 きゅうりと焼き肉&キムチあえ

きゅうりを炒めるという新提案!

時間15分

材料(2人分)

きゅうり……… **2本(200g)**
牛こま切れ肉
（または焼き肉用）…… 160g
白菜キムチ ……………… 40g
ごま油 ……………… 小さじ2
焼き肉のたれ ……… 大さじ2
糸唐辛子（お好みで）… 適量

作り方

1 きゅうりはポリ袋に入れて麺棒で軽くたたき、食べやすい大きさに斜め切りにする。

2 フライパンにごま油小さじ1を中火で熱し、牛肉を4分ほど焼いて火を通す。

3 2に、焼き肉のたれを入れて**さっと炒めて火を止め、1**のきゅうり、キムチ、残りのごま油を加えて混ぜ合わせる。器に盛り、お好みで糸唐辛子をのせる。

2本で

たたいたきゅうりに
味がからまる

主菜 きゅうりチャンプルー

ゴーヤをきゅうりに代えて

時間15分

材料(2人分)

きゅうり……… **2本(200g)**
豚バラ薄切り肉………… 100g
木綿豆腐………2/3丁(200g)
溶き卵 ……………… 1個分
サラダ油 ………… 小さじ1
A しょうゆ……大さじ1・1/2
　酒………………大さじ1/2
　砂糖…………… 小さじ1
　しょうが（すりおろし）
　………………… 小さじ1
　和風だしの素（顆粒）
　………………… 小さじ1/2
削り節 ………………… 適量

作り方

1 きゅうりは縦半分に切り、大きめの斜め切りにする。豚肉は4cm幅に切る。豆腐は耐熱容器にのせてふんわりとラップをし、2分ほど加熱して、ペーパーで水けをふく。1.5cm厚さ×4cm四方に切る。

2 フライパンに油を中火で熱し、**1**の豚肉を炒め、豆腐も加えて焼き色がつくまで炒める。きゅうりを加えて**さっと炒め**、卵も加えて炒める。

3 2に**A**を加えて**軽く炒め**、器に盛り、削り節をのせる。

2本で

コリコリとした
きゅうりが絶品

風味豊かな味わい

$1 \cdot \frac{1}{2}$ 本で

主食 酢飯にきゅうりとかつおの漬けを混ぜ込んで

きゅうりとかつおの手ごね寿司

時間50分

材料（3〜4人分）

きゅうり‥‥‥‥**1・½本（150g）**
米（洗って30分以上吸水
　　させたもの）‥‥‥‥‥2合
かつお（刺身用、さく）‥‥‥250g
しょうが（せん切り）‥‥½片分
青ねぎ（小口切り）‥‥‥4本分
いり白ごま‥大さじ1〜1・½
塩‥‥‥‥‥‥‥‥‥小さじ¼

A｜しょうゆ‥‥‥‥‥大さじ3
　｜みりん‥‥‥‥‥‥大さじ1

B｜酢‥‥‥‥‥‥‥‥大さじ3
　｜砂糖‥‥‥‥‥‥‥大さじ1
　｜塩‥‥‥‥‥‥‥‥小さじ1

作り方

1 米は**炊飯器の目盛りよりやや少なめに水加減**し、すし飯モードまたは普通モードで炊く。きゅうりは2mm厚さの輪切りにして塩をまぶし、5分おいて水けを絞る。しょうがは水にさらして水けを絞る。

2 かつおは5mm厚さのそぎ切りにし、混ぜ合わせた**A**（大さじ1は別にとっておく）に15〜20分冷蔵庫で漬ける。

3 1のごはんをボウルに入れ、すぐに混ぜ合わせた**B**を回しかけ、**うちわであおぎながら切るように混ぜる**。2でとっておいた**B**の汁、きゅうり、ねぎ半量、かつお半量、白ごま半量を軽く混ぜる。器に盛り、残りのかつお、ねぎ、白ごま、しょうがをのせる。

主菜 やわらかな鶏肉をきゅうりとともに
たっぷりきゅうりのよだれ鶏

時間15分

材料(2人分)
きゅうり………………2本(200g)
鶏もも肉………………1枚
塩、こしょう…………各少々
酒………………………大さじ1
A　長ねぎ(みじん切り)
　　………………1/3本分
　　しょうゆ……大さじ1・2/3
　　蒸し汁………大さじ1
　　黒酢…………大さじ1
　　砂糖…………小さじ2
　　ラー油、いり白ごま
　　……………各小さじ1
　　にんにく(すりおろし)、
　　しょうが(すりおろし)
　　…………各小さじ1/2
シャンサイ………………適量

作り方
1 きゅうりはせん切りにする。

2 鶏肉は余分な皮と脂を除き、厚みが均一になるよう開いて両面に塩、こしょうする。耐熱容器に**皮を下にしてのせ**、酒をふりかけてふんわりとラップをし、電子レンジで約4分、途中上下を返して加熱する。**蒸し汁は大さじ1とっておく。**粗熱が取れたら、1cm厚さにそぎ切りにする。

3 1、2を皿に盛りつけ、混ぜ合わせた**A**をかける。シャンサイを添える。

2本で

しっとり
シャキシャキ

主食 暑い日にぴったり!
きゅうりとツナの
サラダうどん

時間10分

材料(2人分)
きゅうり………………2本(200g)
ゆでうどん………………2玉
ツナ缶……………1缶(75g)
コーン缶…………………40g
塩………………………小さじ1/3
A　めんつゆ(ストレート)
　　………………1/2カップ
　　酢……………大さじ1
　　サラダ油………大さじ1
マヨネーズ………………適量

作り方
1 きゅうりはせん切りにし、塩をまぶして軽くもみ、5分おいて**水けを絞る。**

2 うどんは表示時間通りにゆで、**冷水にとって冷やし、水けをきる。**

3 2を器に盛り、1のきゅうり、缶汁をきったツナ、コーンをのせる。混ぜ合わせた**A**をかけて、マヨネーズを絞る。

2本で

つるっとおいしい!

1本で

副菜 ごはんやめんにかけても
冷や汁

| 時間15分 | 冷蔵2日 |

材料（2人分）

きゅうり ……………………1本（100g）
みょうが …………………………1個
青じそ ……………………………4枚
さば水煮缶 …………………………80g
塩 ……………………………小さじ¼
A│味噌………………………大さじ2
　│すり白ごま ………大さじ1・½
だし汁（冷やしたもの）
　…………………………1・½カップ

作り方

1 きゅうりは薄い輪切りにし、塩をまぶして軽くもみ、5分おいてさっと水に流し、水けを絞る。みょうがは小口切りに、青じそはせん切りにしてそれぞれさっと水にさらして水けを絞る。

2 さばは軽くほぐす。

3 混ぜ合わせたAに少しずつだし汁を加えてのばし、1、2を加えて混ぜる。

1本で

副菜 コチュジャンで韓国風に
きゅうりとまぐろのコチュジャンあえ

| 時間15分 |

材料（2人分）

きゅうり ……………………1本（100g）
まぐろ（刺身用・さく）…………80g
A│コチュジャン ………大さじ½
　│しょうゆ …………………小さじ1
　│ごま油……………………小さじ1
　│にんにく（すりおろし）
　│ …………………………小さじ⅓
いり白ごま（お好みで）………適量

作り方

1 きゅうりは乱切りにする。

2 まぐろは1.5cm角に切る。

3 1、2を混ぜ合わせたAであえ、お好みで白ごまをちらす。

2本で

副菜 春雨の代わりにきゅうりをたっぷり入れて
ヤムウンセン風エスニックサラダ

| 時間15分 |

材料（2人分）

きゅうり ……………………2本（200g）
むきえび …………………………50g
豚ひき肉……………………………50g
塩 ……………………………小さじ½
A│サラダ油 ………………大さじ1
　│ナンプラー………………大さじ1
　│レモン汁…………………大さじ½
ピーナッツ（粗く刻む）………15g
シャンサイ ………………………適量

作り方

1 きゅうりは縦半分に切り、斜め薄切りにして塩をまぶし、5分おく。水をさっと流して水けを軽く絞る。

2 えびは背わたを除き、沸騰した湯で3分ゆでる。同じ湯でひき肉を色が変わるまでゆで、それぞれ水けをきる。

3 1、2を混ぜ合わせたAであえる。器に盛り、ピーナッツ、2cm長さに切ったシャンサイをのせる。

作りおき

切ってあえるだけのお手軽サラダ

きゅうりの明太マヨサラダ

| 時間15分 | 冷蔵2日 |

材料(2人分)

きゅうり ……………… **2本(200g)**

明太子…………………………30g

A│ マヨネーズ……… 大さじ1・½
　│ しょうゆ ………… 小さじ½

作り方

1 きゅうりは1cm角に切る。

2 明太子は薄皮から身を出す。

3 ボウルに2とAを入れて混ぜ合わせ、1を加えてあえる。

2本で

作りおき

もう1品欲しいときにパパッと作れる

たたききゅうりのナムル

| 時間5分 | 冷蔵3〜4日 |

材料(2人分)

きゅうり ……………… **2本(200g)**

桜えび ……………………………5g

A│ ごま油 ………………… 大さじ1
　│ いり白ごま ………… 小さじ1
　│ にんにく(すりおろし)
　│ ………………………… 小さじ½
　│ 鶏がらスープの素(顆粒)
　│ ………………………… 小さじ½
　│ 塩、こしょう ………… 各少々

作り方

1 きゅうりはポリ袋に入れてめん棒で軽くたたいてから、食べやすい大きさに切る。

2 1、桜えびを混ぜ合わせたAであえる。

2本で

作りおき

いかの燻製のうまみ・食感がきゅうりと合う!

きゅうりといかの燻製のマリネサラダ

| 時間5分 | 冷蔵2〜3日 |

材料(2人分)

きゅうり ……………… **2本(200g)**

いかの燻製(市販品) …………35g

A│ オリーブ油……… 大さじ1・½
　│ 酢 ………………… 大さじ½
　│ フレンチマスタード
　│ ………………………… 小さじ½
　│ 塩、こしょう ………… 各少々

作り方

1 きゅうりはピーラーでリボン状に切り、長さを2〜3等分にする。

2 1、いかの燻製を混ぜ合わせたAであえる。

2本で

 常備菜にぴったり
きゅうりのピクルス

時間15分　冷蔵1週間

材料（作りやすい分量）
きゅうり …………… **4本（400g）**
塩 ………………………… 小さじ1
A┌ 酢 ……………………… 150㎖
　├ 水 ………………………… ¼カップ
　├ 砂糖 ……………………… 大さじ5
　├ 塩 ………………………… 小さじ1
　├ 赤唐辛子（種を除く）…… ½本
　├ ブラックペッパー（粒）… 小さじ1
　└ ローリエ ………………… 2枚

作り方
1 きゅうりは長さを3〜4等分に切る。塩をまぶして軽くもみ、10分おく。水けをきり、保存容器に入れる。

2 鍋に**A**を入れ、中火で沸騰させて火を止め、**熱いうちに1に入れ、しっかりと密封する。**冷蔵庫で1日以上漬ける。

 干ししいたけでうまみアップ！
きゅうりの甘酢しょうゆ漬け

時間10分　冷蔵3〜4日

材料（作りやすい分量）
きゅうり …………… **4本（400g）**
にんじん ……………………… ½本
干ししいたけ（水で戻す）……… 5g
しょうが（せん切り）………… 1片分
A┌ しょうゆ ………………… ½カップ
　├ 酢 ……………………… ¼カップ
　├ 砂糖 ……………………… 大さじ5
　└ 赤唐辛子（輪切り）
　　　　　　　　　……………… ひとつまみ

作り方
1 きゅうりは長さを3〜4等分に切り、さらにスティック状の4等分に切る。にんじんはピーラーで細いせん切りに、干ししいたけは細切りにする。

2 鍋に**A**を中火で沸騰させ、**1**の干ししいたけを入れて3分ほど煮て**火を止め**、きゅうり、にんじん、しょうがを加える。

3 **2**を保存容器に移し、冷蔵庫で**3時間以上漬ける。**

 割り箸に刺して屋台風にしても
きゅうりの丸ごと1本漬け

時間10分　冷凍2週間　冷蔵2日

材料（2人分、作りやすい分量）
きゅうり …………… **4本（400g）**
塩 ………………………… 小さじ1
A┌ 和風だしの素（顆粒）… 小さじ1
　└ 赤唐辛子（輪切り）
　　　　　　　　　……………… ひとつまみ

作り方
1 きゅうりは両端を切り落とし、ピーラーで縞目に皮をむく。

2 ポリ袋に**1**を入れ、**塩でしっかりともみ**、そのまま**A**を加えて密封し、冷蔵庫で一晩漬ける。

（ポイント）
顆粒だしの代わりに、昆布を切ったものを加えて漬けてもOK。

トマト

野菜データ
- 旬の時期／夏
- 注目の栄養成分／βカロテン、ビタミンC、リコピン
- 得られる効果／抗酸化作用、動脈硬化予防

ヘタが緑色で、ピンとしているもの

放射状に白い筋があるもの

赤い色が鮮やかで、皮にハリがあり、ずっしりと重いもの

煮込み料理やスープの水分代わりに

トマトの大量消費には、**煮込み料理やスープなどの水分と
して使う**のが得策です。もちろん、丸ごとマリネやおひたしに
して味わったり、炒め物に使うのもよいでしょう。それでもま
だたくさんあるという場合は、冷凍保存がおすすめです。

保存方法

常温 1〜2日
ヘタの部分を下向きにし、冷暗所で保存
しましょう。ただし、青いものや真夏の時
期は常温保存は不向きです。冷蔵庫で保
存してください。

冷蔵 約2週間
ペーパーで1個ずつ包み、保存袋に入れて
冷蔵庫で保存します。このときもヘタを
下にして保存しましょう。

冷凍 3〜4週間
ヘタを取ってまるごと、またはざく切りに
して冷凍用保存袋に入れ、冷凍庫で保存
します。冷凍したものは加熱して使います。

トマト **33** 個で、こんなにつくれる！

5個で ⇒ p83

4個で ⇒ p78

3個で ⇒ p80

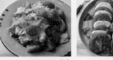
⇒ p83

⇒ p83

2個で ⇒ p80

⇒ p81

1個で ⇒ p82

⇒ p82

⇒ p84

⇒ p79

⇒ p81

⇒ p84

小2個で ⇒ p82

ミニトマトで ⇒ p84

77

主菜 トマトの酸味とチーズが溶け合う

トマトたっぷりトマト鍋

時間20分

材料（2人分）

トマト	4個（520g）
鶏もも肉	1枚
ウィンナー	4本
玉ねぎ	1/2個
しめじ	1/2パック
さやいんげん	6本
にんにく（みじん切り）	1片分
オリーブ油	大さじ1/2
塩、こしょう	各少々

A
水	1〜1・1/2カップ
コンソメスープの素（固形）	1・1/2個
酒	大さじ2
砂糖	小さじ1
塩	少々

溶けるチーズ、ブラックペッパー
（お好みで） 各適量

作り方

1 トマトはざく切りにし、1個分を取り分けておく。鶏肉は4cm角に切り、塩、こしょうをまぶす。玉ねぎはくし形切りにしてばらばらにする。しめじは石突を除き大きくほぐす。いんげんはヘタを取って2〜3等分に切る。

2 鍋にオリーブ油、にんにくを入れて中火で熱し、1の鶏肉、玉ねぎを加えて4分ほど炒める。トマト、Aを入れて一度煮立てる。ウィンナー、しめじ、いんげんも加えて弱火にし、ふたをして火が通るまで10分ほど煮る。

3 2で残しておいたトマトを加えてひと煮して火を止める。お好みで溶けるチーズをのせ、ブラックペッパーをかける。

4
個で

＼ うまみたっぷり
スープも！ ／

いかとトマトの
うまみ爆発！

1
個で

イタリアンな炒め物

いかとトマトのガーリック炒め

時間15分

材料（2人分）

トマト ………………………1個（130g）
するめいか ……………………1杯
にんにく ……………………1片
オリーブ油 ……………… 大さじ1
白ワイン ……………… 大さじ½
塩、ブラックペッパー ……各少々
イタリアンパセリ …………適量

作り方

1 いかは内臓と骨、くちばしを除き、胴は輪切りにし、足、えんぺらは食べやすい大きさに切る。トマトは2cm角に切り、にんにくはみじん切りにする。

2 フライパンにオリーブ油と**1**のにんにくを中火で熱し、いかを3分ほど炒める。

3 **2**のフライパンに白ワイン、**1**のトマトの順に加えて**手早く炒め合わせる**。塩、ブラックペッパーで味を調える。皿に盛り、イタリアンパセリを飾る。

79

\ ごくうま～ /

3個で

牛肉のうまみとトマトの酸味・コクが絶品

牛肉とトマトの赤ワイン煮

時間80分 | 冷凍2か月 | 冷蔵3〜4日 | 冷凍野菜OK

材料(2人分)

トマト ……………… 3個(390g)
牛すね肉 ……………… 400g
玉ねぎ ……………… 1/2個
にんにく ……………… 1片
A 塩 ……………… 小さじ1/2
　 こしょう ……………… 少々
　 薄力粉 ……………… 大さじ1
バター ……………… 10g
赤ワイン ……………… 1/2カップ
塩、ブラックペッパー、パセリ
　(みじん切り) ……………… 各適量
生クリーム ……………… 大さじ2

作り方

1 牛すね肉は5cm角に切り、**A**を上から順にまぶす。トマトはざく切りに、玉ねぎはくし形切りにする。にんにくは芯を除いて薄切りにする。

2 鍋にバターを中火で熱し、**1**の肉、玉ねぎ、にんにくを4分ほど炒める。

3 **2**の鍋に**1**のトマト、赤ワインを加えて中火で一度煮立て、ふたをして弱火で約1時間、時々混ぜながら煮る。塩、ブラックペッパーで味を調える。器に盛り、生クリームをかけ、パセリをちらす。

2個で

トマトの酸味とふわとろ卵がマッチ

卵とトマトの春雨炒め

時間15分

材料(2人分)

トマト ……………… 2個(260g)
春雨(カットタイプ) ……… 30g
卵 ……………… 3個
ごま油 ……………… 大さじ1
A しょうゆ … 大さじ1・1/3
　 黒酢 ……… 大さじ1・1/2
　 塩 ……………… 少々

作り方

1 トマトは2cm角に切る。春雨は熱湯で4分戻して冷水にとり、水けを絞る。卵は溶く。

2 フライパンにごま油の半量を中火で熱し、**1**の卵を加えて半熟になるまで**手早く炒め、一度取り出す。**

3 フライパンに残りの油を中火で熱し、**1**のトマト、春雨を加えて2分ほど炒める。**2**の卵を戻し入れて**A**を加えて炒め合わせる。

\ 赤×黄の色みが 食欲そそる /

主食

梅干し＆青じそがポイント
そうめんのトマトめんつゆ

時間15分

材料(2人分)
トマト ……………… **1個(130g)**
そうめん ………… 150〜200g
梅干し ………………… 2個
青じそ ………………… 4枚
A｜ めんつゆ(ストレート)
　　………………… ½カップ
　｜ すり白ごま …… 大さじ1

アレンジ
すりごまと梅干しの代わりに、粉チーズ、オリーブ油、バジルを加えるとイタリアンなつゆに。

作り方
1 梅干しは種を除いて刻む。トマトは1cm角に切る。

2 1のトマト、梅干し、Aを混ぜ合わせ、つゆを作る。青じそはせん切りにして水にさっとさらし、水けを絞る。

3 そうめんは表示時間通りにゆでて冷水にとる。2を器に盛り、そうめんをつけながら食べる。

1個で

つるっと
さっぱり！

副菜

イタリアンの定番！
トマトとモッツァレラ
チーズのカプレーゼ

時間10分

材料(2〜3人分)
トマト ……………… **2個(260g)**
モッツァレラチーズ
　………………… 1個(100g)
バジルの葉 ………… 4〜6枚
塩 …………………… 適量
ブラックペッパー ……… 適量
オリーブ油 …………… 適量

作り方
1 トマトは8mm厚さに切る。モッツァレラチーズは**水けをペーパーでしっかりとふき**、8mm厚さに切る。

2 1のトマトとチーズを交互に重ね、**ところどころバジルの葉をちらす**。オリーブ油をかけ、塩、ブラックペッパーをふる。

2個で

バジルの香り
さわやか

小**2**個で

副菜 さっぱりしたものが食べたいときに
トマトとオクラのもずくあえ
時間7分

材料(2人分)
トマト ………………… 小2個(200g)
オクラ …………………………… 3本
もずく酢 ……………………… 1パック

作り方
1 トマトは1.5cm角に切る。

2 オクラは塩(分量外)で板ずりし、沸騰した湯で2分ゆでて冷水にとり、水けをきって8mm幅に切る。

3 1、2をもずく酢であえる。

2個で

副菜 あえるだけ! 簡単スピードメニュー
トマトと塩昆布のごま油風味あえ
時間5分

材料(2人分)
トマト ………………… 2個(260g)
塩昆布 ………………… ふたつまみ
A ｜ ごま油 ……………… 大さじ1
　｜ にんにく(すりおろし)
　｜ ……………………… 小さじ¼
　｜ 塩 ……………………… 少々

作り方
1 トマトは2cm角に切る。

2 1、塩昆布を混ぜ合わせた**A**であえる。

2個で

副菜 彩り美しい
トマトのミモザサラダ
時間7分

材料(2人分)
トマト ………………… 2個(260g)
ゆで卵 …………………………… 1個
塩、こしょう ………………… 各少々
A ｜ オリーブ油 ……… 大さじ1・½
　｜ 酢 ……………………… 大さじ1
　｜ 砂糖 ………………… 小さじ¼
　｜ 塩 …………………… 小さじ⅕
　｜ こしょう ……………………… 少々
パセリ(みじん切り) ………… 適量

作り方
1 トマトは5mm厚さに切り、皿に並べ、塩、こしょうをふる。

2 ゆで卵の白身はみじん切りにし、黄身はスプーンなどでつぶす。1にのせる。

3 2に混ぜ合わせた**A**をかけ、パセリをちらす。

ひんやりのどごしのよい
トマトとささみの冷製スープ

作りおき

時間30分	冷凍2週間	冷蔵2〜3日	冷凍野菜OK

材料(2人分)

トマト(ざく切り)	3個分(390g)
玉ねぎ(みじん切り)	1/4個分
にんにく(みじん切り)	1片分
鶏ささみ	1本
オリーブ油	大さじ1/2
A コンソメスープの素(固形)	1個
水	1/2カップ
塩	少々

作り方

1 鍋にオリーブ油、玉ねぎ、にんにくを入れて中火にかけ、4分ほど炒める。トマト、Aを加えて中火で沸騰させ、ささみを入れる。弱火にしてふたをし、15分ほど煮る。

2 1のささみを取り出し、ほぐして鍋に戻し入れ、ひと煮する。**粗熱を取り、冷蔵庫で冷やす。**食べる時にオリーブ油、ブラックペッパー(ともに分量外)をかける。

3個で

具沢山なほっこりスープ
豆と野菜のミネストローネスープ

作りおき

時間30分	冷凍2週間	冷蔵2〜3日	冷凍野菜OK

材料(2人分)

トマト	3個(390g)
玉ねぎ	1/4個
ズッキーニ	1/2本
にんにく(みじん切り)	1片分
ベーコン	1枚
キドニービーンズ(水煮)	50g
A 水	1/2カップ
コンソメスープの素(固形)	1個
粉チーズ	適量

作り方

1 トマトはざく切りにする。玉ねぎ、ズッキーニは1cm角に切る。ベーコンは1cm幅に切る。

2 鍋にオリーブ油大さじ1/2(分量外)とトマト以外の1、にんにくを中火で熱し、4分ほど炒める。トマト、A、塩少々(分量外)を加え、8分ほど弱火でふたをして煮る。

3 キドニービーンズも加えてさらに5分ほど煮る。食べる時に粉チーズをふる。

3個で

パスタや肉のトマト煮など幅広く使える!
基本のトマトソース

作りおき

時間50分	冷凍2週間	冷蔵2〜3日	冷凍野菜OK

材料(作りやすい分量)

トマト	5個(650g)
玉ねぎ(みじん切り)	1/4個分
にんにく(みじん切り)	1片分
オリーブ油	大さじ2
A 塩	小さじ1/2
ドライオレガノ	小さじ1/2

作り方

1 トマトは湯むき(p84「丸ごとトマトのおひたし」参照)して、ざく切りにする。

2 鍋にオリーブ油、にんにく、玉ねぎを入れて弱火にかけて5分ほど炒める。

3 2に1のトマトを加えて一度中火で沸騰させ、ふたをして弱火で30分ほど時々混ぜながら煮る。ふたを取り、時々混ぜながら中火で10分ほど煮て、**軽く煮詰める。**Aで味を調える。

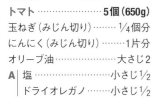

5個で

2個で

常備菜にぴったり
丸ごとトマトのおひたし

| 時間10分 | 冷蔵2〜3日 |

材料(作りやすい分量)

トマト ･････････････ 2個(260g)

A だし汁 ･･････････････ 150㎖
　 しょうゆ ･･････････ 小さじ1
　 塩 ･･･････････････ 小さじ2/3
　 しょうが(すりおろし)
　 ････････････････ 小さじ1/2
削り節 ･･････････････････ 適量

作り方

1 トマトを湯むきする。トマトのヘタを取り、お尻の部分に十字に切り込みを浅く入れる。沸騰した湯に5秒ほどつけて冷水にとり、手で皮をむく。

2 Aをポリ袋に入れて1を入れ、冷蔵庫でそのまま**ひと晩漬ける**。

3 器に盛り、食べる時に削り節をかける。

1個で

相性のいいトマトとアボカドをマヨネーズであえて
トマトとアボカドのえびマヨサラダ

| 時間10分 | 冷蔵2日 |

材料(作りやすい分量)

トマト ･･･････････････ 1個(130g)
アボカド ･････････････････ 1/2個
むきえび ･･････････････････ 50g
レモン汁 ････････････････ 大さじ1

A マヨネーズ ･･･････････ 大さじ2
　 塩 ･････････････････････ 少々
　 ブラックペッパー ･･･････ 少々

作り方

1 トマトは2㎝角に切る。アボカドは皮をむいて1.5㎝角に切り、**レモン汁をふりかける**。

2 えびは背わたを除き、塩(分量外)でもんで洗い流す。沸騰した湯で3分ほど色が変わるまでゆで、ざるにあげて冷ます。

3 1、2をAであえる。

ミニトマトで

さっぱり&甘酸っぱい
ミニトマトのマリネ

| 時間10分 | 冷蔵2〜3日 |

材料(2人分、作りやすい分量)

ミニトマト ･･･････････････ 12個
玉ねぎ ･････････････････ 1/8個

A オリーブ油 ･･･････ 大さじ1・1/2
　 酢 ･･･････････････ 小さじ2
　 砂糖 ･････････････ 小さじ1/3
　 塩 ･･････････ 小さじ1/6〜1/4
　 ブラックペッパー ･･･････ 少々

作り方

1 ミニトマトは**湯むき**する(上記「丸ごとトマトのおひたし」参照)。

2 玉ねぎはみじん切りにして耐熱容器に入れ、ふんわりとラップをして電子レンジで20秒加熱する。

3 1、2を混ぜ合わせたAであえ、冷蔵庫でそのまま**30分以上漬ける**。

なす

野菜データ
- ●旬の時期／夏〜秋
- ●注目の栄養成分／カリウム、ナスニン
- ●得られる効果／利尿作用、抗酸化作用

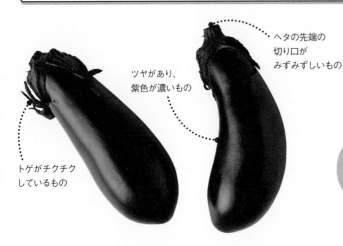

ヘタの先端の
切り口が
みずみずしいもの

ツヤがあり、
紫色が濃いもの

トゲがチクチク
しているもの

なすと好相性の油を上手に使って

なすをおいしく大量消費するなら、**相性のいい油を使った料理がおすすめ**。揚げ物や炒め物に使ったり、油で炒めてから煮ると、おいしさが倍増します。また、なすにたっぷり味を含ませたり、濃いめの味つけをからめるとおいしくいただけます。

なす**48**本で、
こんなにつくれる！

4本で
➡ p87

3本で
➡ p89

➡ p92

➡ p92

➡ p93

➡ p93

➡ p93

➡ p94

2本で
➡ p86

➡ p87

➡ p88

➡ p89

➡ p90

➡ p91

➡ p91

➡ p91

➡ p92

保存方法

[常温] **1〜2**日

なすは乾燥に弱いので、1本ずつ新聞紙で包みましょう。そして、冷暗所に立てて置いて保存してください。

[冷蔵] **約1**週間

なすを1本ずつペーパーで包み、保存袋に入れて立てて冷蔵庫で保存します。ペーパーに包むことで、冷気があたるのを防ぎ、鮮度を保てます。

[冷凍] **約2**週間

食べやすい大きさに切り、冷凍用保存袋に入れて冷凍庫へ。煮込んだり、炒めたりする場合は凍ったまま使えます。

➡ p94

➡ p94

1本で
➡ p90

主菜

なすは肉だけじゃなく、魚にも合います!

なすとさばのおろしあえ

時間15分

材料（2人分）

なす ………	**2本（160g）**
さば（3枚おろし）………	半身分1枚
A 酒 ………	小さじ1
しょうゆ ………	小さじ1/2
片栗粉 ………	適量
揚げ油 ………	適量
大根おろし ………	1/2カップ
ポン酢しょうゆ ………	大さじ1

作り方

1 なすは乱切りにする。さばは3cm幅程度に切り、**Aをまぶして5分ほどおく**。汁けをきり、片栗粉をまぶす。

2 170℃に熱した油で**1**を3〜4分揚げて火を通す。

3 **2**を大根おろしであえ、ポン酢をかける。

大根おろしで
さっぱり

2本で

 86

サクッ！
ジュワ〜

2本で

主菜

なすに豚肉を巻いてボリュームアップ！

なすの豚巻き天ぷら

時間15分

材料（2〜3人分）
なす ……………… 2本（160g）
焼きのり ……………… 適量
豚ロース薄切り肉 …… 150g
A 卵 …………………… 1/2個
　 水 ………………… 65mℓ
　 薄力粉 …………… 70g
揚げ油 ………………… 適量
めんつゆ、しょうが
（すりおろし）…… 各適量

作り方
1 なすは縦に4〜6等分にする。

2 1に焼きのり、豚肉を巻きつけ、巻き終わりをしっかりと手で押さえつける。

3 **Aの材料を上から順にさっくり混ぜ、ホットケーキ生地より少しやわらかめになるように調節する。** 170℃に熱した油に、2をくぐらせながら入れ、4〜5分揚げる。

4 3を器に盛り、めんつゆ、しょうがを添える。

主菜

ケチャップがなすのおいしさを引き立てる

なすの丸ごと肉詰めレンジ蒸し

時間15分　冷蔵2日

材料（2人分）
なす ……………… 4本（320g）
片栗粉 ………………… 適量
A 鶏ももひき肉 …… 120g
　 長ねぎ（みじん切り）
　 ……………… 大さじ1
　 しょうが（すりおろし）
　 ……………… 小さじ1/2
　 塩、こしょう …… 各少々
B トマトケチャップ
　 ……………… 1/3カップ
　 水 ……………… 大さじ2
　 酒 ……………… 大さじ1
パセリ（みじん切り、お好みで）
……………… 適量

作り方
1 なすはヘタを除き、**中心に切り込みを入れる。水をつけたまま**耐熱皿にのせてふんわりとラップをし、電子レンジで約3分半加熱する。

2 1に片栗粉をまぶし、中心の切り込みに、混ぜ合わせたAを詰める。耐熱容器に並べ、Bをかけてふんわりとラップをして7〜8分加熱する。

3 器に盛り、パセリをちらす。

食べごたえ十分！

4本で

主菜

なすでひき肉をサンドして
なすのひき肉はさみ揚げフライ

時間20分

材料（2人分）
なす ……………………………2本（160g）
A 豚ひき肉……………………100g
　玉ねぎ（みじん切り）……大さじ1
　塩、こしょう ……………各少々
薄力粉、溶き卵、パン粉 ……各適量
揚げ油……………………………適量
キャベツ（せん切り）、レモン、
　中濃ソース …………………各適量

作り方

1 なすは1cm厚さの輪切りにし、**2枚1組にして、内側になる断面に薄力粉をふる。**

2 **A**を混ぜ合わせ、**1にしっかりとくっつけるようにはさみ、**薄力粉、溶き卵、パン粉の順にまぶす。

3 **2**を170℃の油で6分ほど揚げる。お皿に盛り、キャベツ、くし形切りにしたレモン、中濃ソースを添える。

2本で

お好きなソースで召し上がれ！

ポイント

粒マスタード＆レモンマヨ（粒マスタード小さじ1、マヨネーズ大さじ1・½、レモン汁小さじ½、写真右）や、ケチャップ＆ソース（中濃ソース大さじ2、トマトケチャップ大さじ1）をつけて食べても。

主菜 なすとひき肉の ミートグラタン

なすととろ～りチーズにミートソースがマッチ！

時間30分

材料（2人分）

なす ……………… **3本（240g）**
合いびき肉 ……………… 150g
玉ねぎ（みじん切り）‥½個分
にんにく（みじん切り）‥1片分
トマト水煮缶 ……… 1カップ
オリーブ油 ………… 大さじ2
塩、こしょう ………… 各少々
溶けるチーズ ……………… 60g

作り方

1 なすは5mm厚さの輪切りにする。フライパンにオリーブ油大さじ1を中火で熱し、なすを並べて両面を6分ほど焼く。塩をふって取り出しておく。

2 1のフライパンに残りの油を熱し、玉ねぎ、にんにく、ひき肉を4分ほど炒め、トマト、塩、こしょうを加えて5分ほど煮る。

3 耐熱皿に1と2を交互に並べ、上にチーズをのせて、トースターでチーズが溶けるまで8分ほど焼く。

3本で

あつあつ、はふはふ

主菜 なすと牛肉のピリ辛 オイスターソース炒め

とろっとしたなすにオイスターソースのコクがからむ

時間15分

材料（2～3人分）

なす ……………… **2本（160g）**
牛こま切れ肉 ……………… 150g
塩、こしょう ………… 各少々
ごま油 …………… 大さじ1
A ┌ オイスターソース
　│ ………… 大さじ1・½
　│ 酒 ………… 大さじ1
　│ 豆板醤 ……… 小さじ½
　│ にんにく（すりおろし）
　└ ………… 小さじ½
白髪ねぎ …………… 適量

作り方

1 なすは長ければ長さを半分に切り、さらに縦半分に切って5mm厚さに切る。牛肉は塩、こしょうする。

2 フライパンにごま油を中火で熱し、1の牛肉を2分ほど炒め、なすを加えて4分ほど、**なすがしんなりして牛肉の色が変わるまで炒める。**

3 Aを加えて炒め合わせる。器に盛り、白髪ねぎをのせる。

2本で

とろうま～

スプーンが
止まらないおいしさ

2本で

主食
トマトや肉のうまみがなすに染み込んだ
なすのキーマカレー

時間30分 | 冷凍2週間 | 冷蔵2〜3日 | 冷凍野菜OK

材料（2人分）
なす ……………… **2本（160g）**
合いびき肉 …………… 150g
トマト（ざく切り）…… 1個分
玉ねぎ（みじん切り）‥ ½個分
にんにく、しょうが（ともに
　すりおろし）… 各小さじ½
オリーブ油 ……… 大さじ½
カレー粉 ………… 大さじ2
A｜水 ……………… 1カップ
　｜しょうゆ ……… 小さじ1
　｜塩 ………… 小さじ¼
　｜コンソメスープの素
　｜（固形）………… ½個
ごはん、ゆで卵 …… 各適量

作り方
1 なすは1.5cm角に切る。

2 鍋にオリーブ油を中火で熱し、ひき肉、**1**のなす、玉ねぎ、にんにく、しょうがを加えて5分ほど炒める。カレー粉を加えて1分炒める。

3 **2**の鍋に**A**とトマトを加えて中火で一度煮立て、ふたをして弱火にし、時々混ぜながら15分ほど煮る。中火にし、5分ほど**軽く煮詰める**。

4 器にごはんをよそい、**3**をかけ、輪切りにしたゆで卵を添える。

めんを入れても！

1本で

副菜
クリーミーななかにもほどよい**辛さ**があとを引く
なすとひき肉の
豆乳担担麺風スープ

時間20分 | 冷凍野菜OK

材料（2人分）
なす ……………… **1本（80g）**
豚ひき肉 ……………… 50g
長ねぎ ………………… 6cm
ごま油 …………… 小さじ½
A｜水 ………… 1・¼カップ
　｜鶏がらスープの素（顆粒）
　｜……………… 大さじ½
　｜にんにく（すりおろし）
　｜……………… 小さじ½
B｜豆乳 ………… 150mℓ
　｜オイスターソース… 大さじ½
　｜ラー油 ……… 小さじ½

作り方
1 なすは長さを半分に切り、縦に6〜8等分に切る。長ねぎは小口切りにする。

2 鍋にごま油を中火で熱し、ひき肉、**1**を入れ、3分ほど炒める。**A**を加えて一度沸騰させ、弱火にしてふたをし、10分ほどなすに火が通るまで煮る。

3 **2**に**B**を加えて**沸騰直前まで**温める。

副菜 にんにくとアンチョビがポイント！
焼きなすとまぐろのタルタル風
時間25分

材料(2人分)

なす	**2本(160g)**
まぐろ(刺身用、さく)	80g
A アンチョビフィレ	1・1/2枚
玉ねぎ	大さじ1・1/2
オリーブ油	大さじ1/2
にんにく	1/2片
塩	少々
B しょうゆ、オリーブ油	各小さじ1
練りわさび	少々

作り方

1 Aのアンチョビと玉ねぎはみじん切りに、にんにくはすりおろす。

2 なすはヘタを切り落とし、グリルで上下を返しながら8分焼いてから皮をむく。半分は1cm角に切り、残りは包丁で粗くたたいて、Aを混ぜる。

3 まぐろは1cm角に切り、半分ほど包丁でたたいてBを混ぜる。

4 器に2、3を重ねて盛り、あればバゲット、ディル(分量外)を添える。

副菜 ほんのりからしが香る
蒸しなすのからししょうゆあえ
時間5分

材料(2人分)

なす	**2本(160g)**
A しょうゆ	小さじ1・1/2
練りがらし	小さじ1/3
砂糖	少々

作り方

1 なすは縞目にむいて1cm厚さの半月切りにし、水にさっとさらして**水けを軽くきる**。耐熱容器に入れてふんわりとラップをし、電子レンジで2分ほど竹串がすっと通るまで加熱する。水けが出たらきる。

2 1を混ぜ合わせたAであえる。

副菜 おかずだけでなく、お酒のおともとしても
なすのじゃこ味噌チーズ焼き
時間15分

材料(2人分)

なす	**2本(160g)**
味噌	小さじ2
ちりめんじゃこ	大さじ1
溶けるチーズ	50g
青じそ(せん切り)	適量

作り方

1 なすは1cm厚さの輪切りにする。

2 天板にフライパン用のくっつかないアルミホイルを敷いて1を並べ、**味噌をぬる**。ちりめんじゃこ、チーズの順にのせる。

3 トースターで10分ほど焼いて火を通す。青じそをのせる。

 3本で

ごはんがはかどる！

マーボーなす

| 時間15分 | 冷凍2週間 | 冷蔵2〜3日 |

材料（2〜3人分）

なす ……………………… 3本（240g）
豚ひき肉 ……………………… 100g
長ねぎ ……………………… 1/3本
ごま油 ……………………… 大さじ1
A 酒 ……………………… 大さじ1
味噌 ……………………… 小さじ2
しょうゆ、豆板醬、砂糖、しょうが
（すりおろし）、鶏がらスープの素
（顆粒）……………… 各小さじ1
水 ……………………… 150ml

作り方

1 なすは縦に6〜8等分に薄めに切る。長ねぎは薄い小口切りにする。

2 フライパンにごま油を熱し、ひき肉を炒め、色が変わったら1を加えて炒め合わせる。なすに火が通ったらAを加えて一度煮立て、水溶き片栗粉（片栗粉大さじ1/2を水大さじ1で溶く、分量外）を少しずつ加えてとろみをつける。

 2本で

にんにく味噌がたまらないおいしさ

なすとしその肉巻きにんにく味噌照り

| 時間20分 | 冷凍2週間 | 冷蔵2〜3日 |

材料（2人分）

なす ……………………… 2本（160g）
青じそ ……………………… 6枚
豚バラ薄切り肉 ……………… 160g
薄力粉 ……………………… 適量
サラダ油 ……………………… 小さじ1
A 味噌 ……………………… 大さじ1・1/2
みりん、酒 ……………… 各大さじ1
にんにく（すりおろし）… 小さじ1
しょうゆ ……………………… 小さじ1/2

作り方

1 なすは縦6等分に、青じそは半分に、豚肉は長さを2〜3等分に切る。なすに、青じそ、肉を巻きつけ、**巻き終わりを手でしっかりと押さえる**。全体に薄力粉を薄くふる。

2 フライパンに油を中火で熱し、1の**巻き終わりを下にして並べ**、弱火にしてふたをし、途中転がしながら8〜10分焼く。余分な脂をふき取り、Aを加えて炒め合わせる。

 3本で

だしが染みたなすをしっとりとしたささみとともに

なすとささみの煮物

| 時間10分 | 冷凍2週間 | 冷蔵2〜3日 |

材料（2人分）

なす ……………………… 3本（240g）
鶏ささみ ……………………… 2本
片栗粉 ……………………… 適量
A 水 ……………………… 1/2カップ
めんつゆ（2倍濃縮）… 大さじ4
しょうが（すりおろし）
……………………… 小さじ1

作り方

1 なすはところどころ縦に縞模様に皮をむき、1.5cm厚さの輪切りにする。鶏ささみは筋を除き、一口大のそぎ切りにして、**片栗粉をまぶす**。

2 鍋にAを入れ、中火で沸騰させる。1を入れて**落としぶたとふたをし**、弱火で7分ほどなすにすっと竹串が通るまで煮る。

作りおき

夏の定番おかず！冷やして食べても

なすの揚げびたし

| 時間10分 | 冷蔵2～3日 |

材料(2人分)

なす	3本(240g)
みょうが	1個
揚げ油	適量
A	めんつゆ(2倍濃縮)	1/3カップ
	水	1/3カップ
	しょうが(すりおろし)	小さじ1/2

作り方

1 なすは縦半分に切り、皮目に斜めに**浅い切り込みを入れる**。みょうがは薄い小口切りにして水にさらして水けを絞る。

2 1のなすの水けをしっかりとふき、170℃の油で3～4分揚げる。

3 2が熱いうちに混ぜ合わせたAに漬ける。1のみょうがをちらす。

3本で

作りおき

なすに甘辛いだし汁をしっかり染み込ませて

なすの忘れ煮

| 時間20分 | 冷蔵2～3日 |

材料(2人分)

なす	3本(240g)
削り節	2g
ごま油	大さじ1/2
A	だし汁	250mℓ
	しょうゆ	大さじ1・1/2
	みりん、酒	各大さじ1/2
	砂糖	大さじ1弱

作り方

1 なすは縦半分に切り、皮目に斜めに**浅い切り込みを入れる**。

2 鍋にごま油を中火で熱し、1を入れて全体に油が回るまで焼く。Aと削り節を入れて一度沸騰させ、**落としぶたとふたをして**、弱火で15分ほど煮る。

3本で

作りおき

南蛮酢に漬けてジューシーに

なすの南蛮漬け

| 時間15分 | 冷蔵2～3日 |

材料(2人分)

なす	3本(240g)
ししとう	6本
長ねぎ	6cm
揚げ油	適量
A	だし汁	1/2カップ
	酢	大さじ2
	砂糖	大さじ1・2/3
	しょうゆ	大さじ1
	塩	小さじ1/3
	赤唐辛子(輪切り)	ひとつまみ

作り方

1 なすは縦4等分に切る。ししとうは切り込みを1か所入れる。長ねぎは小口切りにして、冷水に5分さらし、水けをきる。

2 170℃に熱した油で、水けをよくふいた1のなすを3～4分、ししとうを1分揚げて**油をきる**。

3 2が熱いうちに混ぜ合わせたAに漬け、1の長ねぎをのせる。

3本で

 作りおき

ごま油のきいたねぎ塩だれでなすを味わう

なすのねぎ塩だれ

時間10分 | 冷蔵2〜3日

材料（2人分）

なす ……………………… **3本（240g）**
A 長ねぎ（みじん切り）
　　……… 5cm分（大さじ1・½）
　水 ……………………… 大さじ1
　ごま油 ………………… 大さじ½
　鶏がらスープの素（顆粒）
　　…………………… 小さじ⅔
　塩、ブラックペッパー … 各少々

作り方

1 なすはヘタを切り落とし、洗った水をつけたまま1本ずつふんわりとラップで包む。電子レンジで3分加熱し、上下を返してさらに2〜3分、竹串がすっと通るまで加熱する。粗熱が取れたら手で縦に約6等分にさく。

2 1に混ぜ合わせたAをかける。

 作りおき

とろっとしたなすの食感をマリネで楽しむ

薄切り焼きなすのマリネ

時間15分 | 冷蔵2〜3日

材料（2人分）

なす ……………………… **2本（160g）**
ハム ……………………………… 2枚
玉ねぎ ………………………… ⅛個
A オリーブ油 ……… 大さじ2・½
　酢 …………………… 大さじ1・½
　水 ……………………… 大さじ½
　粒マスタード ………… 小さじ1
　塩 ……………………… 小さじ⅓
　ブラックペッパー ………… 少々

作り方

1 なすはヘタを取り、縦5〜8mm厚さの薄切りにして、さっと水にさらし水けをふく。トースターにアルミホイルを敷いてその上に並べ、約6分なすに火が通るまで焼く。

2 ハムは5mm角に切る。玉ねぎはみじん切りにして耐熱容器に入れ、電子レンジで10秒加熱し冷水にとり、水けをペーパーに包んで絞る。

3 A、2を混ぜ合わせ、1を5分漬ける。

 作りおき

サラダ感覚でなすを食べるなら

なすの浅漬け風サラダ

時間10分 | 冷蔵2〜3日

材料（2人分）

なす ……………………… **2本（160g）**
青じそ …………………………… 2枚
しょうが ……………………… ½片
塩 ……………………………… 小さじ¼
オリーブ油 ……………… 大さじ½
しょうゆ ………………… 小さじ⅔

作り方

1 なすは長さを半分に切り、縦に6〜8等分のくし形切りにする。水にさっとさらして水けをきり、塩をまぶして5分おき、**ペーパーに包んで水けを軽く絞る。**

2 青じそ、しょうがはせん切りにしてペーパーに包んで水にさっとさらし、水けを絞る。

3 1、2をオリーブ油、しょうゆであえる。

ピーマン

野菜データ

● 旬の時期／夏
● 注目の栄養成分／ビタミンC、βカロテン、ピラジン
● 得られる効果／抗酸化作用、動脈効果予防

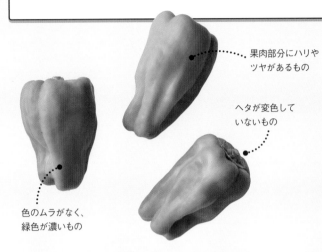

果肉部分にハリや
ツヤがあるもの

ヘタが変色して
いないもの

色のムラがなく、
緑色が濃いもの

1個丸ごと使ってたっぷり消費！

　ピーマンは、**1個丸ごと使う**とたっぷり食べられます。そのまま煮物やスープにしたり、ピーマンの中に肉だねを詰めて**カップとして使う**ことも可能です。また、**下処理などを必要としないので、手軽に使えます。**

保存方法

常温　約**1**週間

ピーマンの乾燥を防ぐため、1個ずつ新聞紙に包んでから、冷暗所で保存するようにしましょう。

冷蔵　約**3**週間

ピーマンを1個ずつペーパーで包み、保存袋やポリ袋に入れ、口を軽く閉じ、冷蔵庫で保存します。こうすることで、適度な湿度を維持できます。

冷凍　**2〜3**週間

細切りやせん切りなど、使いやすい大きさに切って、冷凍用保存袋に入れ、冷凍庫で保存しましょう。冷凍したピーマンは、凍ったまま炒め物や汁物に使えます。

ピーマン約**47**個で、
こんなにつくれる！

6個で

 ➡ p96
 ➡ p101
➡ p102

4個で

 ➡ p98
 ➡ p100
 ➡ p101

 ➡ p102

3個で

 ➡ p97
 ➡ p99
 ➡ p101

2個で

 ➡ p97
 ➡ p99

パプリカ**3**個で、
これだけつくれる！

2個で

 ➡ p102

1/2個で

 ➡ p100
 ➡ p100

定番のピーマンの肉詰めをデミグラスソースで

ピーマンの肉詰めチーズバーグ煮込み

時間25分　冷凍2週間　冷蔵2日

材料(2人分)

ピーマン ……………… 6個(180g)

A　合いびき肉………… 180g
　　玉ねぎ……………… 1/6個
　　溶き卵……………… 1/2個分
　　パン粉……………… 1/4カップ
　　塩………………… 小さじ1/4
　　こしょう…………… 少々
溶けるチーズ……………… 40g

B　デミグラスソース……… 100g
　　水………………… 1/3カップ
　　トマト水煮缶……… 1/4カップ
　　しょうゆ………… 小さじ2/3
　　塩、こしょう……… 各少々
生クリーム(お好みで) ……… 適量

作り方

1　Aの玉ねぎはみじん切りにして、そのほかの Aと練り合わせ、6等分にする。

2　ピーマンのヘタの部分を押して種を除き、1 をピーマンの半分まで詰め、チーズを入れて、さらに1を詰める。同様に6個作る。

3　鍋にBを中火で煮立て、2を入れる。落としぶたとふたをして、弱火で15分煮る。器に盛り、お好みで生クリームをかける。

ポイント

肉だねは、ある程度丸めるとピーマンに詰めやすくなります。

6 個で

ピーマンに詰めた
チーズがポイント！

主菜

ソースの香りが食欲をそそる
魚肉ソーセージとピーマンのソース炒め

時間15分 冷凍野菜OK

材料（2人分）
ピーマン …………**2個（60g）**
パプリカ（黄）…**½個（75g）**
魚肉ソーセージ …………**1本**
ごま油 ………………**大さじ½**
A 酒 ………………… **大さじ1**
中濃ソース …… **大さじ1**

作り方
1 ピーマン、パプリカは乱切りにする。魚肉ソーセージは斜めに8mm幅に切る。

2 フライパンにごま油を中火で熱し、**1**の魚肉ソーセージとパプリカを2分炒め、ピーマンを加えてさらに4分ほど、ピーマンが少ししんなりするまで炒める。

3 **2**に**A**を加えて**さっと炒め合わせる**。

2 個で

彩りもきれい

主菜

シャキッとピーマン＆パプリカを甘酢あんに
パプリカと鮭の甘酢炒め

時間20分 冷凍野菜OK

材料（2人分）
ピーマン …………**3個（90g）**
パプリカ（黄）…**⅛個（15g）**
生鮭（切り身）………… **2切れ**
塩、こしょう ………… 各少々
片栗粉 ……………**大さじ½**
サラダ油 ……… **大さじ1・½**
A 水 ……………… **⅓カップ**
酢、砂糖…各大さじ1・⅔
しょうゆ ……… **大さじ½**
トマトケチャップ… **小さじ2**
片栗粉 ……… **小さじ1**
鶏がらスープの素（顆粒）
………… **小さじ½**

作り方
1 ピーマンは輪切り、パプリカは縦に薄切りにして長さを半分にする。鮭は**塩強め**、こしょう、片栗粉をまぶす。

2 フライパンに油大さじ1を中火で熱し、**1**の鮭を並べて3分焼き、裏返して約3分焼き、皿に移す。

3 **2**のフライパンに残りの油を熱し、**1**のピーマン、パプリカを2分炒める。混ぜ合わせた**A**を加えてとろみがつくまで**混ぜながら煮て2**にかける。

3 個で

ピーマン＆パプリカと鮭の新たな出合い

歯ごたえのよいピーマンと豚肉のジューシーさが好相性！

ピーマンと薄切り肉の酢豚

時間20分 ┃ 冷凍野菜OK

材料（2人分）

ピーマン ……………………4個（120g）
玉ねぎ ………………………1/4個
豚ロース薄切り肉……………160g
赤唐辛子（種を除く）…………1/2本
にんにく（みじん切り）………1片分
A │ しょうゆ、酒、しょうが（すり
　 │ おろし）……………各小さじ1/2
片栗粉………………………適量
ごま油………………………大さじ1
B │ 水 ……………………1/3カップ
　 │ 黒酢 …………………大さじ2
　 │ 砂糖 …………………大さじ2弱
　 │ しょうゆ ……………大さじ1
　 │ 鶏がらスープの素（顆粒）、
　 │ 片栗粉……………各小さじ1

作り方

1 ピーマンは乱切りにし、玉ねぎは
1.5cm幅のくし形切りにしてばら
ばらにする。豚肉は**折りたたむ
ように丸めて4cm四方ぐらいの
かたまりにして手で押しつけ、A**
で下味をつけて、薄く片栗粉をま
ぶす。

2 フライパンにごま油、赤唐辛子、
にんにくを入れて中火で熱し、**1**
の豚肉、玉ねぎを入れて、途中上
下を返しながら4分ほど炒める。
全体に火が通ったらピーマンを
入れてさらに3分炒める。

3 混ぜ合わせた**B**を加えて炒め合
わせる。

4個で

甘酸っぱいあんが
おいしい！

副菜 食べれば思わず笑みがこぼれます

ピーマンカップの
ツナチーズ焼き

時間15分

材料(2人分)
ピーマン ………… 3個(90g)
ツナ缶 ……………… 1缶(75g)
溶けるチーズ ………… 50g
マヨネーズ ………… 大さじ1

作り方
1 ピーマンは縦半分に切って種を除く。**内側にマヨネーズをぬる。**

2 アルミホイルの上に**1**を並べ、缶汁をきったツナ、チーズの順にのせる。

3 **2**をトースターで、チーズに焼き目がつくまで5〜7分焼く。

ポイント
青じそのせん切りをのせてもおいしい。

3個で

子どもも大人も
大好きな味!

副菜 柚子こしょうが大人の味わい

焼きピーマンの和風スープ

時間15分 | 冷凍野菜OK

材料(2人分)
ピーマン ………… 2個(60g)
鶏むねひき肉 …………… 50g
ごま油 …………… 小さじ1
だし汁 …………… 2カップ
酒 ………………… 大さじ½
A | しょうゆ ……… 小さじ1
　 | 柚子こしょう … 小さじ½
　 | いり白ごま …… 小さじ½

作り方
1 ピーマンはヘタを取り、**種つきのまま**半割りにする。

2 鍋にごま油を中火で熱し、**1**を入れて焼き色がつくまで焼く。だし汁、酒を加えて一度中火で沸騰させ、鶏ひき肉を一口大のかたまりの状態で入れ、5分ほど煮て火を通す。

3 **A**を加えて味を調える。

2個で

ピーマンが主役!

副菜

ホームパーティーにもおすすめ
パプリカの生ハム巻き

時間15分

材料（2人分）

パプリカ（赤、黄）
.... 各1/4個（各35g）
かいわれ菜 1/2パック
生ハム..............................8枚
A オリーブ油 大さじ1
　 レモン汁..............大さじ1/2
マヨネーズ ....適量
ブラックペッパー ....適量

作り方

1 パプリカは薄く切り、かいわれ菜は根元を切り落とす。

2 1を生ハムで巻いて皿に並べる。

3 2に混ぜ合わせた**A**をかけ、マヨネーズ、ブラックペッパーをかける。

ポイント
市販のローストビーフやスモークサーモンで巻いても。

副菜

色鮮やかなパプリカを使って
パプリカの白あえ

時間10分

材料（2人分）

パプリカ（赤）............1/2個（75g）
絹ごし豆腐 ....1/2丁（150g）
A すり白ごま 大さじ1
　 しょうゆ 大さじ1/2
　 砂糖..............................小さじ1/3
　 和風だしの素（顆粒）...小さじ1/3
　 塩 ....少々

作り方

1 パプリカは縦3mm幅に細切りにし、長ければ半分に切る。

2 豆腐は耐熱容器にのせてふんわりとラップをし、電子レンジで約2分半加熱して、ペーパーに包んで**水けをしっかりとく。丁寧につぶしてA**を混ぜ合わせる。

3 1を2であえる。

ポイント
ゆでたいんげん、焼きしいたけなどを加えても。

副菜

ナンプラーを加えてエスニック風に
ピーマンとちくわのナンプラーあえ

時間20分

材料（2〜3人分）

ピーマン ....4個（120g）
玉ねぎ 1/4個
ちくわ 1本
A ナンプラー..............小さじ2
　 レモン汁..............小さじ1
　 サラダ油..............小さじ1

作り方

1 ピーマンは縦半分に切って種を除き、5mm幅に切る。耐熱容器に入れてふんわりとラップをし、電子レンジで1分〜1分半加熱して**水けをきる**。

2 玉ねぎは薄切りにして水に5分さらし、**水けをきる**。ちくわは5mm幅に切る。

3 1、2を混ぜ合わせた**A**であえる。

作りおき

ピーマンの歯ごたえと雑穀で腹持ちがいい!

チョップドピーマンと雑穀のオリーブオイルサラダ

| 時間15分 | 冷蔵2〜3日 |

材料(2人分)

ピーマン ……………… 3個(90g)
玉ねぎ ……………………… 1/6個
ミックスビーンズ ……………… 50g
雑穀ミックス(真空パック) … 50g
A レモン汁 ……………… 大さじ1
　 オリーブ油 ……… 大さじ1・1/2
　 塩 …………………… 小さじ1/4〜
　 ブラックペッパー ……… 少々

作り方

1 ピーマンは8mm角に切り、玉ねぎはみじん切りにして5分水にさらして水けをペーパーに包んで絞る。

2 1、ミックスビーンズ、雑穀ミックスを混ぜ合わせたAであえる。

ポイント

ツナを入れてもおいしい。

3個で

作りおき

アンチョビチーズのうまみでピーマンを楽しむ

ピーマンとベーコンのアンチョビチーズソテー

| 時間15分 | 冷凍2週間 | 冷蔵2〜3日 | 冷凍野菜OK |

材料(2人分)

ピーマン ……………… 4個(120g)
ベーコン …………………… 2枚
オリーブ油 ……………… 大さじ1
A アンチョビフィレ(刻む) ‥2枚分
　 にんにく(すりおろし)
　 ………………………… 小さじ1/3
粉チーズ ………………… 大さじ1
ブラックペッパー ………… 少々

作り方

1 ピーマンはヘタと種を除いて、縦に8等分に切る。ベーコンは1cm幅に切る。

2 フライパンにオリーブ油を中火で熱し、1、Aを加えて4分ほどピーマンが**少ししんなりするまで**炒める。

3 2に粉チーズ、ブラックペッパーを加えて混ぜる。

4個で

作りおき

意外にもごはんにぴったり!

丸ごとピーマンの煮物

| 時間25分 | 冷凍2週間 | 冷蔵2〜3日 |

材料(2人分)

ピーマン ……………… 6個(180g)
しょうが(せん切り) ……… 1/4片分
ごま油 …………………… 小さじ1/2
A だし汁 ………… 1・1/2カップ
　 しょうゆ ……………… 小さじ2
　 酒、みりん ………… 各小さじ2
　 砂糖 ………………… 小さじ2/3

作り方

1 ピーマンは1か所に切り込みを入れる。

2 鍋にごま油を中火で熱し、1を3分ほど焼く。

3 2の鍋にA、しょうがを入れて中火で沸騰させる。**落としぶたをして**弱火にし、途中上下を返して15分ほどピーマンがしんなりするまで煮る。途中水分が足りなくなってきたら、水またはだし汁(分量外)を少し足して調整する。

6個で

 作りおき

パプリカの肉厚さと甘みを堪能
焼きパプリカのマリネ

時間25分 ｜ 冷凍2週間 ｜ 冷蔵2〜3日

材料(2人分)

パプリカ(赤、黄)
　　　　　　　　各1個(各150g)

A｜オリーブ油…………大さじ3
　｜酢………………大さじ½
　｜粒マスタード………小さじ1
　｜塩………………小さじ⅓
　｜ブラックペッパー………少々

作り方

1 パプリカは半分に切って種とヘタを除く。皮目を上にし、アルミホイルの上にのせる。

2 1をトースターで**皮が真っ黒になるまで**17分ほど焼き、さっと水にぬらしてペーパーで水けを押さえ、皮をむく。縦に2cm幅に切る。

3 2を混ぜ合わせたAに漬ける。冷蔵庫に入れ、15分以上なじませる。

 作りおき

おかかと塩昆布のW使いでピーマンにうまみを
ピーマンのおかか＆塩昆布あえ

時間5分 ｜ 冷凍2週間 ｜ 冷蔵2〜3日

材料(2人分)

ピーマン……………6個(180g)

A｜削り節………………………3g
　｜塩昆布………ふたつまみ(3g)
　｜しょうゆ……………小さじ½
　｜砂糖………………………少々

作り方

1 ピーマンは縦半分に切り、横に4mm幅の細切りにする。耐熱容器に入れてふんわりとラップをし、電子レンジで2分ほど加熱して**水けをきる**。

2 1をAであえる。

 作りおき

これぞ無限ピーマン！
ピーマンのナムル

時間5分 ｜ 冷凍2週間 ｜ 冷蔵2〜3日

材料(2人分)

ピーマン……………4個(120g)

A｜ごま油……………大さじ½
　｜いり白ごま…………小さじ1
　｜にんにく(すりおろし)
　｜　　　　　　　　小さじ½
　｜鶏がらスープの素(顆粒)
　｜　　　　　　　　小さじ½
　｜塩、こしょう…………各少々

作り方

1 ピーマンは縦半分に切り、横に4mm幅の細切りにする。耐熱容器に入れてふんわりとラップをし、電子レンジで1〜1分半加熱して水けをきる。

2 1を混ぜ合わせたAであえる。

ブロッコリー

野菜データ
- ● 旬の時期／冬〜春
- ● 注目の栄養成分／βカロテン、ビタミンC、ビタミンE、鉄、葉酸
- ● 得られる効果／抗酸化作用、美肌効果

中央がこんもり盛りあがっているもの

つぼみがしまっていて、固いもの

茎がみずみずしく、切り口が変色していないもの

ブロッコリー約7株で、こんなにつくれる！

小1株で → p105

1/2株で → p104 → p105 → p107

→ p107 → p108 → p108

→ p108 → p109 → p110

→ p110

1/3株で → p106 → p109 → p109

茎で → p110

「ゆでる」「蒸す」が基本！

ブロッコリーをたっぷり使うコツは、**「ゆでる」「レンチン」「蒸し焼き」**にしてから使うこと。これらの調理法なら、ブロッコリーの食感を残しつつ、おいしく消費できます。また、冷凍保存したり、料理の彩りをよくするために使うのもおすすめです。

保存方法

冷蔵 約2週間

ブロッコリーはつぼみの部分から傷みやすいので、つぼみの部分をペーパーで覆い、ラップでぴったり包んでからポリ袋に入れ、冷蔵庫で保存しましょう。ラップで包むことで、エチレンガスを抑える効果があり、鮮度が長持ちします。

冷凍 約1か月

小房に分け、沸騰した湯に塩少々を入れ、さっとゆでましょう。粗熱を取ってから水けをふき、冷凍用保存袋に入れて、冷凍庫へ。使うときは電子レンジで解凍したり、凍ったままでも調理ができます。

激うまそぼろあんでブロッコリーが一瞬でなくなっちゃう

ブロッコリーのひき肉そぼろあんかけ

時間15分　冷凍野菜OK

材料(2人分)

ブロッコリー……………1/2株(150g)
豚ひき肉 …………………… 100g
長ねぎ (みじん切り)………5㎝分
ごま油…………………… 小さじ1
A　水……………………1/2カップ
　　しょうゆ …………… 大さじ1/2
　　オイスターソース… 小さじ1
　　砂糖…………………小さじ1/2
　　鶏がらスープの素 (顆粒)
　　　…………………………小さじ1
　　にんにく (すりおろし)
　　　………………………小さじ1/2
　　塩、こしょう ………各少々
片栗粉…………………… 小さじ1
　(水大さじ1で溶く)

作り方

1 ブロッコリーは小房に分け、沸騰した湯で2〜3分ゆでて水けをきり、皿に盛る。

2 フライパンにごま油を中火で熱し、長ねぎ、豚ひき肉を3分ほど肉の色が変わるまで炒める。**A**を加えて中火で沸騰させ、**火を弱めて**水溶き片栗粉を加えて混ぜ、とろみをつける。

3 **2**を**1**にかける。

ポイント

お好みでブラックペッパーや山椒などをかけても。

そぼろあんを
たっぷりからめて

1/2
株で

主菜

マイルドな辛みのごまだれをかけて

ブロッコリーと豆腐の
レンジ蒸し

時間15分

材料（2人分）
ブロッコリー……1/2株（150g）
木綿豆腐………1/2丁（150g）
レモン（薄い半月切り）
……………………1/3個分
A 練り白ごま‥大さじ1・1/2
　 水………………大さじ1
　 しょうゆ………大さじ1/2
　 砂糖……………小さじ1/2
　 和風だしの素（顆粒）
　 ………………小さじ1/3
　 豆板醤…………小さじ1/4

作り方
1 ブロッコリーは小房に分ける。茎のやわらかい部分は薄めに切る。豆腐は1.5cm厚さ×4cm四方に切る。

2 耐熱容器に1のブロッコリーと豆腐を交互に並べ、ところどころにレモンをはさむ。ふんわりとラップをし、電子レンジで約4分半、ブロッコリーの茎に竹串がすっと通るまで加熱する。

3 Aは上から順に混ぜる。**水を加える時は少しずつ溶きのばすように加え、2にかける。**

1/2株で
糖質オフ&ヘルシー

主菜

ブロッコリーが主役の豚キムチ

ブロッコリーと豚バラの
キムチ炒め

時間15分　冷凍野菜OK

材料（2人分）
ブロッコリー‥小1株（200g）
豚バラ薄切り肉………150g
白菜キムチ……………80g
ごま油……………大さじ1
A 酒………………大さじ1
　 しょうゆ………小さじ1

作り方
1 ブロッコリーは小房に分けて耐熱容器にのせ、ふんわりとラップをし、電子レンジで約2分半加熱する。

2 豚肉は4cm幅に切る。

3 フライパンにごま油を中火で熱し、2を入れて色が変わるまで3分ほど炒める。1、キムチを加えて炒め合わせ、Aを加えて調味する。

小1株で
ブロッコリーの歯ごたえで満腹！満足！

まるでチョコレート
ケーキのよう

1/3
株で

鍋で作るからお手軽！

ブロッコリーとゆで卵入りミートローフ

時間40分 冷凍野菜OK

材料（作りやすい分量）

ブロッコリー………1/3株（100g）
ゆで卵………………………3個
薄力粉…………………………適量
サラダ油………………………適量

A 合いびき肉……………400g
　　玉ねぎ（みじん切り）‥1/4個分
　　パン粉……………2/3カップ
　　卵………………………1個
　　牛乳…………………大さじ2
　　塩……………………小さじ1/3
　　こしょう、ナツメグ（あれば）
　　………………………各少々

B トマトケチャップ…1/2カップ
　　水………………………1/2カップ
　　ウスターソース……大さじ4
　　片栗粉………………小さじ1
　　（少量の水で溶く）
　　砂糖………………小さじ1/2

作り方

1 ブロッコリーは小房に分けて耐熱容器にのせ、ふんわりとラップをして電子レンジで約3分加熱する。ゆで卵は横半分に切る。それぞれ薄力粉をまぶす。

2 直径16cm程度の鍋の内側に油をぬり、**A**を練り合わせ、半量を敷き詰める。**1**を並べ、その上に残りの**A**を広げ、手で押さえて空気を抜くように形を整える。

3 **2**にふたをして中火で3分ほど加熱し、弱火にして15分ほど煮る。脂をペーパーで吸い取り、混ぜ合わせた**B**を加えてさらに7分ほど煮る。

副菜 粉チーズでコクをプラス！
ブロッコリーと卵炒め

時間10分 ｜ 冷凍野菜OK

材料（2人分）
ブロッコリー……1/2株（150g）
A｜ 卵……………………2個
｜ 塩、こしょう………各少々
オリーブ油…………大さじ1
コンソメスープの素（顆粒）
………………………小さじ1/2
B｜ 粉チーズ、ブラック
｜ ペッパー………各適量

作り方
1 ブロッコリーは小房に分け、耐熱容器にのせてふんわりとラップをし、電子レンジで1分40秒〜2分加熱する。**A**を混ぜておく。

2 フライパンにオリーブ油の半量を中火で熱し、**A**を加えて半熟になるまで**手早く炒め、一度取り出す。**

3 フライパンに残りのオリーブ油を中火で熱し、**1**のブロッコリー、コンソメを加えて1分炒める。**2**を戻し入れ、軽く混ぜる。器に盛り、**B**をかける。

1/2株で

洋風卵炒め

副菜 とろ〜りチーズがブロッコリーとマッチ！
ブロッコリーの
ケチャップチーズ焼き

時間10分 ｜ 冷凍野菜OK

材料（2人分）
ブロッコリー……1/2株（150g）
塩…………………………少々
トマトケチャップ……大さじ2
カレー粉……………小さじ1/4
溶けるチーズ………………50g

作り方
1 ブロッコリーは小房に分け、耐熱容器にのせてふんわりとラップをし、電子レンジで約2分加熱する。

2 **1**に塩、ケチャップ、カレー粉の順にかけ、**最後に溶けるチーズをのせる。**

3 トースターで**チーズに焦げ目がつくまで**4〜5分焼く。

1/2株で

チーズをからめて召し上がれ

1/2株で

ブロッコリーの明太マヨソースがけ

| 時間10分 | 冷凍野菜OK |

材料(2人分)

ブロッコリー ……… 1/2株(150g)
明太子 …………………………… 30g
A｜マヨネーズ ………………… 大さじ2
　｜レモン汁 …………………… 小さじ1

作り方

1 ブロッコリーは小房に分ける。沸騰した湯に塩(分量外)を入れて約3分ゆで、ざるにあげて**水けをよくきる。**

2 明太子は薄皮から身を出し、**A**と混ぜ合わせる。

3 **1**を皿に並べ、**2**をかける。

(ポイント)

お好みでゆで卵やうずら卵の水煮を加えるとボリュームアップします。

1/2株で

ブロッコリーとじゃがいものスープ

| 時間25分 | 冷凍2週間 | 冷蔵2日 | 冷凍野菜OK |

材料(2人分)

ブロッコリー ……… 1/2株(150g)
じゃがいも ………… 小1個(100g)
玉ねぎ ………………………… 1/6個
オリーブ油 ………………… 大さじ1
A｜水 …………………………… 150ml
　｜コンソメスープの素(固形)
　｜………………………………… 1/2個
牛乳 ……………………………… 1カップ
クルトン ………………………… 適量

作り方

1 ブロッコリーは小房に分ける。じゃがいもは皮をむき、5mm厚さの半月切りにする。玉ねぎは薄切りにする。

2 鍋にオリーブ油を弱火で熱し、**1**を4分ほど炒める。**A**を加えて中火で一度煮立て、弱火にしてふたをし、12分ほど**野菜がやわらかくなるまで煮る。**

3 **2**の粗熱が取れたらフードプロセッサーでつぶし、牛乳を加えて温める。器にそそぎ、クルトンをのせる。

1/2株で

ブロッコリーとコーンの
バターしょうゆ炒め

| 時間15分 | 冷凍野菜OK |

材料(2人分)

ブロッコリー ……… 1/2株(150g)
コーン缶 ………………………… 40g
A｜バター ………………………… 8g
　｜しょうゆ …………………… 小さじ1
　｜塩 …………………………… 少々

作り方

1 ブロッコリーは小房に分ける。茎のやわらかい部分は薄く切る。

2 フライパンにブロッコリーと水1/3カップ(分量外)を入れてふたをし、中火にかけて3分ほど蒸し焼きにし、火を通す。**水が残っていれば捨てる。**

3 **2**に、缶汁をきったコーン、**A**を加えて炒め合わせる。

作りおき

ブロッコリーとマヨネーズの相性を堪能
ブロッコリーとえびの
マヨネーズサラダ

| 時間15分 | 冷蔵2〜3日 | 冷凍野菜OK |

1/2株で

材料(2人分)
ブロッコリー ………… 1/2株(150g)
むきえび ……………………… 50g
ゆで卵 ………………………… 2個
A マヨネーズ ……… 大さじ2・1/2
　 レモン汁 ……………… 小さじ1
　 塩、ブラックペッパー …… 各少々

作り方
1 ブロッコリーは小房に分けて、沸騰した湯で3分ゆでてざるにあげ、**水けをきる。**

2 えびは背わたを取り、塩(分量外)でもんでから水で洗い流す。熱湯で4分ほどゆで、ざるにあげて**冷ます。**ゆで卵は縦4等分に切る。

3 1、2を混ぜ合わせた**A**であえる。

作りおき

彩りきれいな
ブロッコリーとハムのマカロニサラダ

| 時間20分 | 冷蔵2日 | 冷凍野菜OK |

1/3株で

材料(2人分)
ブロッコリー ……… 1/3株(100g)
玉ねぎ(薄切り) ……… 1/4個分
ハム …………………………… 3枚
マカロニ ……………………… 30g
塩 ……………………………… 少々
オリーブ油 …………… 小さじ1/2
A マヨネーズ ……… 大さじ2・1/2
　 酢 …………………… 大さじ1/2
　 砂糖 ………………… 小さじ1/3
　 塩、こしょう ………… 各少々

作り方
1 ブロッコリーは小房に分け、沸騰した湯で3分ゆでてざるにあげ、水けをきる。玉ねぎはブロッコリーと同じ湯で30秒ゆでて冷水にとり、ペーパーに包んで水けを絞る。ハムは半分に切ってから5mm幅に切る。

2 マカロニは沸騰した湯に塩を入れ、表示通りにゆで、冷水で冷やして水けをきり、**オリーブ油をまぶす。**

3 1、2を混ぜ合わせた**A**であえる。

作りおき

いつもと違うポテトサラダを作りたいなら
刻みブロッコリー入り
緑のポテトサラダ

| 時間30分 | 冷蔵2日 | 冷凍野菜OK |

1/3株で

材料(2人分、作りやすい分量)
ブロッコリー ……… 1/3株(100g)
ウィンナー …………………… 2本
じゃがいも ………………… 大1個
A マヨネーズ …… 大さじ1・1/2
　 酢 …………………… 小さじ2/3
　 塩 …………………… 小さじ1/4
　 こしょう …………………… 少々

作り方
1 ブロッコリー小房に分け、沸騰した湯で4分**やわらかめにゆで**てざるにあげ、水けをきる。半分は粗く刻む。ウィンナーも同じ湯でゆでて、斜め切りにする。

2 じゃがいもは皮をむいて4〜6等分に切り、同じ湯で15分ほど竹串がすっと通るまでゆでてざるにあげ、熱いうちに軽くつぶす。

3 1、2を混ぜ合わせた**A**であえる。

作りおき ザーサイの食感でおいしさアップ!

ブロッコリーとザーサイの中華あえ

時間15分 | 冷蔵2日 | 冷凍野菜OK

材料（作りやすい分量）

ブロッコリー ……… 1/2株（150g）
長ねぎ …………………………… 5cm
ザーサイ …………………………… 20g
A｜ごま油 ………………………… 大さじ1
　｜しょうゆ ……………………… 小さじ1
　｜にんにく（すりおろし）
　｜…………………………… 小さじ1/2
　｜いり白ごま ………………… 小さじ1/2

作り方

1 ブロッコリーは小房に分ける。茎の
　やわらかい部分は5mm厚さの短冊切
　りにする。沸騰した湯に塩（分量外）
　を入れて3分ほどゆで、ざるにあげて
　水けをよくきる。

2 長ねぎはみじん切りにして水に5分
　さらし、ペーパーに包んで水けを絞
　る。ザーサイは粗く刻む。

3 1、2を混ぜ合わせたAであえる。

作りおき ゆでてあえるだけ!

ブロッコリーのごまあえ

時間10分 | 冷蔵2日 | 冷凍野菜OK

材料（作りやすい分量）

ブロッコリー ……… 1/2株（150g）
にんじん ………………………… 1/4本
A｜すり白ごま ……… 大さじ1・1/2
　｜しょうゆ ……………………… 小さじ1
　｜砂糖 …………………………… 小さじ1/2
　｜和風だしの素（顆粒）… 小さじ1/3
　｜塩 ……………………………… 少々

作り方

1 ブロッコリーは小房に分ける。沸騰
　した湯に塩（分量外）を入れて3分ほ
　どゆで、ざるにあげて**水けをよくきる。**

2 にんじんはせん切りピーラーなどで
　細いせん切りにする。1のブロッコ
　リーと同じ湯で10秒ほどゆでて冷水
　にとり、**水けを絞る。**

3 1、2を混ぜ合わせたAであえる。

作りおき 栄養豊富な茎は捨てずにきんぴらで

ブロッコリーの茎のきんぴら風

時間10分 | 冷凍2週間 | 冷蔵2〜3日 | 冷凍野菜OK

材料（作りやすい分量）

ブロッコリーの茎…………………100g
ごま油 …………………………… 小さじ1
A｜しょうゆ ……………………… 小さじ1
　｜砂糖 …………………………… 小さじ1
　｜いり白ごま ………………… 小さじ1/2
七味唐辛子（お好みで）……… 少々

作り方

1 ブロッコリーの茎は、**固いところを
　除いて皮をむき**、4cm長さの短冊切
　りにする。

2 フライパンにごま油を熱し、1を3分
　ほど炒める。

3 2のフライパンに、Aを加えて炒め
　合わせる。器に盛り、お好みで七味
　唐辛子をふる。

ほうれん草

野菜データ

● 旬の時期／冬
● 注目の栄養成分／カリウム、βカロテン、鉄、葉酸
● 得られる効果／貧血予防、抗酸化作用、高血圧予防

葉の緑が濃く、肉厚でハリがあるもの

根の部分が赤いもの

茎が短いもの

ほうれん草はとりあえずゆでて

　ほうれん草は生のままだとたくさんあるように感じますが、**ゆでればかさが減ります**。ゆでたものはそのままあえ物やつけ合わせとして使えますし、炒め物、スープなどにも活用できます。また、**冷凍保存なら使いたい時にさっと使えて便利です**。

保存方法

冷蔵 約**1**週間

ほうれん草は乾燥に弱いのが特徴です。冷蔵保存する時にも乾燥しないように、湿らせたペーパーでほうれん草を包んでからポリ袋に入れましょう。冷蔵庫に入れる時は根の部分を下にして、立てて保存するようにすればみずみずしさが保てます。

冷凍 約**1**か月

ほうれん草を冷凍保存するには、沸騰した湯でさっとゆでてから水にとり、水けを絞って食べやすい大きさに切ります。小分けにしてラップで包み、冷凍用保存袋に入れて、冷凍庫で保存しましょう。冷凍したものは、電子レンジで解凍するか、凍ったままでも料理に使えます。

ほうれん草 約**15**把で、こんなにつくれる！

1把で

 → p113
 → p113
 → p114

 → p114
 → p115
 → p117

 → p118
 → p118
 → p118

小2把で

 → p112

小1把で

→ p115
→ p116
→ p116

1/2把で

 → p117
 → p117

主菜 いくらでも食べられる大ぶり餃子
ほうれん草入りゆで餃子

時間25分 | 冷凍2週間 | 冷凍野菜OK

材料（作りやすい分量、10〜12個分）

ほうれん草 ……………… 小2把（300g）
餃子の皮（大判）………… 10〜12枚
豚ひき肉 ……………………150g
ザーサイ ……………………20g
A　酒 ……………………… 大さじ½
　　ごま油………………… 大さじ½
　　片栗粉 ………………… 大さじ½
　　しょうゆ ………………小さじ2
　　砂糖 ……………………小さじ1
　　しょうが（すりおろし）… 小さじ½
酢しょうゆ、ラー油………… 各適量

作り方

1 ほうれん草は沸騰した湯で約40秒ゆでて水にとり、**水けをしっかりと絞る。**1把は粗みじん切りにする。残りは4cm長さに切る。ザーサイは粗みじん切りにする。

2 **1**のみじん切りにしたほうれん草、ひき肉、ザーサイ、**A**を練り合わせ、餃子の皮で包む。

3 沸騰した湯に**2**を入れて、餃子が浮いてきてから3分ほどゆでて火を通す。器に**1**の4cm長さに切ったほうれん草とともに盛り、酢しょうゆ、ラー油を添える。

ポイント

餃子は皮に包んだ状態で、約2週間冷凍保存可能です。冷凍のままゆでたり、スープなどに入れたりして使えます。

つるぷり！

小**2**把で

主菜

豆板醤のコクをまとわせほうれん草を食す!

ほうれん草と牛肉の豆板醤炒め

| 時間15分 | 冷凍野菜OK |

材料(2人分)

ほうれん草 ……**1把(200g)**
パプリカ(赤) ………1/4個
牛こま切れ肉(または薄切り)
…………………… 160g
塩、こしょう …………各少々
ごま油 ……………… 大さじ1
A | しょうゆ ……… 大さじ1
  | 酒 …………… 大さじ1
  | 豆板醤 ……… 小さじ1
  | 砂糖 ………… 小さじ1
  | にんにく(すりおろし)
  | …… 小さじ1/2
  | 片栗粉 ……… 小さじ1/2
  | (小さじ1の水で溶く)

作り方

1 ほうれん草は根元を切り落とし、6cm長さに切る。パプリカは長さを半分にして細切りにする。牛肉は大きければ食べやすい大きさに切り、塩、こしょうをまぶす。

2 フライパンにごま油を中火で熱し、1の牛肉、パプリカを3分ほど、肉の色が変わるまで炒める。

3 2に1のほうれん草を加えて**手早く炒め**、混ぜ合わせた A を加えて炒め合わせる。

1把で

ごはんにバウンドさせて!

主菜

ほうれん草をたっぷり食べられる簡単鍋

ほうれん草と豚の常夜鍋

| 時間10分 | 冷凍野菜OK |

材料(2人分)

ほうれん草 ……**1把(200g)**
豚肩ロース薄切り肉(しゃぶしゃぶ用など)………200g
A | だし汁 ………3カップ
  | 酒 ………… 大さじ1・1/2
  | しょうが絞り汁
  | …… 小さじ1/2
ポン酢しょうゆ、
  青ねぎ(小口切り)、
  しょうが(すりおろし)
  …………… 各適量

作り方

1 ほうれん草は長さを半分に切る。

2 鍋に A を入れて一度沸騰させ、弱火にして豚肉、ほうれん草を**煮ながら食べる**。ポン酢しょうゆにねぎ、しょうがを入れてつける。

(ポイント)
ほうれん草の代わりに水菜でもOK。豆腐を加えるとボリュームアップします。また、ごまだれで食べてもおいしいです。

1把で

寒い日にぴったり

ドライハーブが
隠し味

1把で

主菜

ぷりっとしたえびとほうれん草が合う！

ほうれん草とえびの
ガーリック炒め

時間20分　冷凍野菜OK

材料（2人分）

ほうれん草 …… **1把（200g）**
むきえび……………… 100g
にんにく（みじん切り）‥2片分
塩、こしょう、片栗粉
　………………… 各適量
オリーブ油 ……… 大さじ1
A｜バター ………………5g
　｜コンソメスープの素
　｜　（顆粒）……… 小さじ1
　｜ドライハーブミックス
　｜　………………… 小さじ½
　｜塩、ブラックペッパー
　｜　………………… 各少々

作り方

1 ほうれん草は根元を切り落とし、5cm長さに切る。えびは背わたを取り、塩（分量外）でもみ洗い流して水けをふき、塩、こしょう、**片栗粉をまぶす**。

2 フライパンにオリーブ油とにんにくを入れて弱火にかけ、香りがしてきたら**1**のえびを入れて3〜4分炒めて火を通す。

3 中火にし、**1**のほうれん草、**A**の順に加えて炒め合わせる。器に盛り、くし形切りにしたレモン（分量外）を添える。

しょうが焼きのたれが
ほうれん草にマッチ

1把で

主菜

しょうが焼きをほうれん草とともに味わう

ほうれん草たっぷり
しょうが焼き

時間25分　冷凍野菜OK

材料（2人分）

ほうれん草 …… **1把（200g）**
豚肩ロースしょうが焼き用肉
　………………………… 6枚
薄力粉………………… 適量
サラダ油 ………… 大さじ1
A｜酒………… 大さじ1・½
　｜しょうゆ … 大さじ1・½
　｜みりん …… 大さじ1・½
　｜砂糖 ………… 大さじ½
　｜しょうが（すりおろし）
　｜　………………… 小さじ2

作り方

1 ほうれん草は6cm長さに切る。豚肉は筋の間に数か所切り目を入れ、薄力粉を薄くまぶす。

2 フライパンにサラダ油の半量を中火で熱し、**1**のほうれん草を**手早く**炒める。皿に敷き詰める。

3 フライパンをペーパーでふき、残りの油を中火で熱して**1**の豚肉を途中裏返して5分焼く。余分な油をふき、**A**を加えて煮からめ、**2**にのせ、汁もかける。

主食

シンプルなパスタでほうれん草のおいしさを再確認

ほうれん草としらすのスパゲティ

時間20分 | 冷凍野菜OK

材料（2人分）

ほうれん草 …… **1把（200g）**
スパゲティ ……… 160〜200g
しらす ………………… 50g
にんにく ………………… 1片
オリーブ油 ………… 大さじ1
A | オリーブ油 …… 大さじ1
| しょうゆ ……… 大さじ½
| 酒 …………… 大さじ½
| コンソメスープの素
| （顆粒）……… 小さじ1

作り方

1 ほうれん草は4㎝長さに切る。にんにくはみじん切りにする。

2 スパゲティは塩適量（分量外）を入れ、表示時間通りゆでる。

3 フライパンにオリーブ油、**1**のにんにくを入れて弱火で炒め、香りがしてきたら**1**のほうれん草を入れて**手早く30秒ほど炒め**、**A**を加える。**2**、しらすを入れて**30秒ほど**中火で炒め合わせる。

1把で

ふわりとしょうゆが香る

主食

刻んだほうれん草がたっぷり

ポパイチャーハン

時間10分 | 冷凍2週間 | 冷凍野菜OK

材料（2人分）

ほうれん草 … **小1把（150g）**
ごはん
　…茶碗多めに2杯分（400g）
豚ひき肉 ………………… 60g
卵 ………………………… 1個
塩、こしょう ………… 各少々
ごま油 …………… 大さじ1
A | ウスターソース
| ………………… 小さじ2
| 鶏がらスープの素（顆粒）
| ………………… 小さじ1

作り方

1 ほうれん草は粗みじん切りにする。

2 フライパンにごま油を熱し、豚ひき肉を色が変わるまで炒めて塩、こしょうをする。**1**のほうれん草を加えて水分を飛ばすように強火で炒める。ごはんを加えて炒め合わせ、溶いた卵を回し入れて**手早くパラパラになるように**炒める。

3 **2**に**A**を加えて手早く炒め合わせ、塩、こしょうで味を調える。

小1把で

パラうま〜

小1把で

うふふな
おいしさ

しっかり冷やしてから切り分けて
ほうれん草入りキッシュ

| 時間60分 | 冷凍2週間 | 冷蔵2日 | 冷凍野菜OK |

材料（2人分、20×14.5×4.4㎝のバット1台分）

ほうれん草 …… **小1把（150g）**
冷凍パイシート ………… 2枚
ウィンナー ……………… 2本
溶けるチーズ …………… 80g
A｜ 生クリーム …… 1カップ
　｜ 卵 ……………………… 3個
　｜ 塩 …………… 小さじ1/4
　｜ こしょう ………… 少々
　｜ ナツメグ（あれば）・少々

＊オーブンは190℃に予熱する。
＊バットにフライパン用のくっつかないアルミホイルを敷く。

作り方

1 パイシートは2枚の継ぎ目を重ねてめん棒でのばし、**ホイルを敷いた型に敷き込む**。はみ出た部分は切り落とす。

2 ほうれん草は沸騰した湯で30秒ゆでて水にとり、水けを絞って2㎝長さに切る。ウィンナーは斜め切りにする。

3 1に2、溶けるチーズをのせ、混ぜ合わせた**A**を**ふちまで流し込む**。190℃のオーブンで約15分焼く。温度を**180℃に下げ**、20〜30分焼く。粗熱が取れたら型からはずし、**冷やす**。

小1把で

とろ〜りおんたまをからめて

あくが少ないサラダほうれん草を使って
シーザーサラダ

| 時間20分 |

材料（2人分）

サラダほうれん草
　……………… **小1把（150g）**
ベーコン ………………… 2枚
クルトン ………………… 適量
温泉卵 …………………… 1個
A｜ アンチョビフィレ
　｜ …………… 2枚（5g）
　｜ マヨネーズ … 大さじ1・1/2
　｜ オリーブ油 …… 大さじ1
　｜ 酢 ………… 大さじ1/2
　｜ 粉チーズ …… 大さじ1/2
　｜ 牛乳 ………… 小さじ1
　｜ にんにく ………… 1/2片
　｜ ブラックペッパー … 少々

作り方

1 ほうれん草は葉の部分をつみ、茎の部分は4㎝長さに切る。**冷水に5分つけて水けをしっかり絞り**、器に盛る。

2 ベーコンは1㎝幅に切り、ホイルの上にのせてトースターでカリッとするまで焼き、脂が出てきたらペーパーでふく。

3 **A**のアンチョビはみじん切りにし、にんにくはすりおろし、**A**の材料を混ぜ合わせておく。

4 1に2、クルトン、温泉卵をのせ、**A**をかける。

副菜

卵をくずしながら味わって
ほうれん草のココット

時間15分 | 冷凍野菜OK

材料(2人分)

ほうれん草	1/2把 (100g)
ハム	1枚
卵	2個
塩、ブラックペッパー	各少々
バター	適量

作り方

1 ほうれん草は沸騰した湯で約40秒ゆでて水にとる。水けを軽く絞って3cm長さに切り、塩を混ぜる。ハムは半分に切ってから1cm幅に切る。

2 耐熱性のココット皿をふたつ用意し、**内側にバターをぬる**。1を入れ、中心を少しくぼませて卵を割り入れる。

3 2にアルミホイルをかぶせ、トースターで約8分、**卵が半熟になるまで**焼く。塩、ブラックペッパーをふる。

1/2把で

副菜

ほうれん草に濃厚なコンビーフがぴったり
ほうれん草とコンビーフ炒め

時間10分 | 冷凍野菜OK

材料(2人分)

ほうれん草	1把 (200g)
コンビーフ (脂肪少なめ)	40g
オリーブ油	小さじ1
しょうゆ	小さじ1/2
ブラックペッパー	少々

作り方

1 ほうれん草は5cm長さに切る。

2 フライパンにオリーブ油を中火で熱し、1、コンビーフをほぐして加え、1～2分炒める。しょうゆ、ブラックペッパーで味を調える。

ポイント

ほうれん草のあくが気になる場合は、沸騰した湯でほうれん草を20～30秒固めにゆでてから炒めてもOK。

1把で

作りおき

食べるときに粉チーズをふってもおいしい!
ほうれん草入りカレースープ

時間15分 | 冷蔵2～3日 | 冷凍野菜OK

材料(2人分、作りやすい分量)

ほうれん草		1/2把 (100g)
豚肩ロース薄切り肉		80g
じゃがいも		1/2個
オリーブ油		小さじ1
A	水	2カップ
	コンソメスープの素 (固形)	1個
	カレー粉	小さじ1
	塩	少々

作り方

1 ほうれん草は沸騰した湯で約40秒ゆでて水にとり、水けを絞って3cm長さに切る。豚肉は3cm幅に、じゃがいもは1.5cm角に切る。

2 鍋にオリーブ油を熱し、1のじゃがいも、豚肉を中火で1分炒める。Aを加えて一度中火で煮立て、ふたをして弱火で10分ほどじゃがいもがやわらかくなるまで煮る。ほうれん草を加えてひと混ぜし、火を止める。

1/2把で

作りおき ほうれん草の定番料理
ほうれん草のおひたし

| 時間7分 | 冷蔵2〜3日 | 冷凍野菜OK |

材料 (2人分)

ほうれん草 ……………1把 (200g)
A だし汁 ……………………½カップ
しょうゆ …………………大さじ½
みりん ……………………大さじ½
削り節 ……………………………適量

作り方

1 Aのみりんは耐熱容器に入れて10〜20秒ほどレンジにかけて煮きる。Aを混ぜ合わせる。

2 ほうれん草は沸騰した湯で約40秒ゆでて水にとり、水けを軽く絞って6〜7cm長さに切る。1の半量をかけてしばらくおき、軽く水けを絞る。

3 保存容器に入れて残りの1をかけ、食べる時に削り節をかける。

作りおき ごま油と塩昆布がポイント
ほうれん草といり卵の塩昆布あえ

| 時間10分 | 冷凍2週間 | 冷蔵2〜3日 | 冷凍野菜OK |

材料 (2人分)

ほうれん草 ……………1把 (200g)
サラダ油 …………………小さじ½
A 卵 ………………………………1個
酒 …………………………小さじ½
塩、こしょう …………… 各少々
B 塩昆布 (粗く刻む) ………………4g
ごま油 ……………………小さじ1
しょうゆ …………………小さじ½

作り方

1 ほうれん草は沸騰した湯で約40秒ゆでて水にとり、水けを軽く絞って4cm長さに切る。

2 フライパンに油を中火で熱し、混ぜ合わせたAを入れ、いり卵を作る。

3 1、2をBであえる。

作りおき カルシウムたっぷり
ほうれん草と桜えびのナムル

| 時間5分 | 冷凍2週間 | 冷蔵2〜3日 | 冷凍野菜OK |

材料 (作りやすい分量)

ほうれん草 ……………1把 (200g)
桜えび ……………………………4g
A ごま油 …………………大さじ1
鶏がらスープの素 (顆粒)
……………………………小さじ½
しょうゆ …………………小さじ½
いり白ごま …………小さじ½
塩、こしょう ………… 各少々

作り方

1 ほうれん草は沸騰した湯で約40秒ゆでて水にとり、水けを軽く絞って4cm長さに切る。

2 1、桜えびを混ぜ合わせたAであえる。

とうもろこし

野菜データ

● 旬の時期／夏
● 注目の栄養成分／たんぱく質、食物繊維、ビタミンB₁、ビタミンB₂、ビタミンE
● 得られる効果／整腸作用、疲労回復効果、抗酸化作用

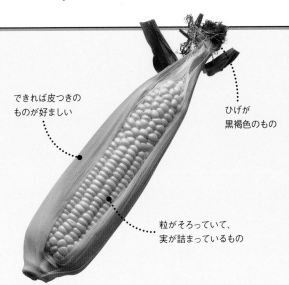

できれば皮つきのものが好ましい

ひげが黒褐色のもの

粒がそろっていて、実が詰まっているもの

とうもろこし12.5本で、こんなにつくれる！

2本で
➡ p121　➡ p123

1本で
➡ p120　➡ p121　➡ p122

➡ p122　➡ p123　➡ p123

➡ p124　➡ p124

½本で
➡ p124

粒にすれば使いやすいさ＆消費量アップ

とうもろこしは芯の部分から粒をはずすと消費しやすくなります。炒め物やサラダに入れたり、料理のトッピングとして使うのも有効です。また、そのまま丸ごと1本調理したり、大きくぶつ切りにするとたくさん使えます。

保存方法

冷蔵　1〜2日

皮やひげをつけ、生のまま、1本ずつラップに包み冷蔵庫で保存します。この時、切り口部分を下にして立てて保存するようにしてください。ただし、とうもろこしは長く鮮度を保てず、冷蔵保存でも1〜2日しか持ちません。なるべく早めに食べるようにするか、冷凍保存しましょう。

冷凍　約2か月

冷凍するときには、とうもろこしをゆでるか蒸してから、包丁などで実をそぎ落とし、冷凍用保存袋に入れて冷凍庫で保存します。冷凍したものは、凍ったままでも、電子レンジで解凍しても使えます。

memo

甘いとうもろこしを味わいたいならすぐ食べて

とうもろこしの甘みは収穫した瞬間から徐々に落ちていきます。ですので、甘いとうもろこしを味わいたいなら早めに食べるようにするか、冷凍保存するようにしましょう。

ジューシー！

1本で

主菜

おうちでバーベキュー気分

豚ととうもろこしの
バーベキュー風オーブン焼き

時間40分

材料（2人分）

とうもろこし……………………**1本**
豚ロースとんかつ用肉………**2枚**
A ┌ トマトケチャップ … 大さじ2
　　│ しょうゆ ………… 大さじ1・1/2
　　│ ウスターソース …… 大さじ1
　　│ はちみつ …………… 大さじ1
　　│ 酢………………… 大さじ1/2
　　│ にんにく（すりおろし）
　　└ ………………………… 小さじ1

作り方

1 豚肉は1枚を3〜4等分に切り、**A をもみこんで30分〜2時間冷蔵庫で漬け込む**。とうもろこしは1本を4等分に切る。

2 オーブンの天板にアルミホイルを敷いて、1の豚肉の汁けを軽くきって並べる。とうもろこしは豚肉を漬け込んでいた**A**にくぐらせて並べる。

3 200℃のオーブンで20〜30分火が通るまで焼く。

120

豪快にかぶりついて

主菜

とうもろこしの甘みが手羽元にも

とうもろこしと
手羽元の照り煮

時間25分 ｜ 冷蔵2日

2本で

材料（2人分）
とうもろこし……………**2本**
鶏手羽元………………4本
ごま油……………小さじ1
A｜だし汁…………1カップ
　｜しょうゆ………大さじ2
　｜酒、みりん……各大さじ1
　｜砂糖…………大さじ1/2
　｜しょうが（せん切り）
　｜…………………1/4片分

作り方
1 とうもろこしは3cm幅に切る。

2 鍋にごま油を中火で熱し、**1**、鶏手羽元を皮目から入れ、3分ほど焼く。**A**を加えて一度煮立て、中火にしてふたをし、15分ほど煮る。**そのまま冷まして味を染み込ませる。**

ごはんにもよく合います！

主菜

コーンと鮭の最強タッグ

コーンと鮭の
コンソメバター炒め

時間15分 ｜ 冷凍野菜OK

1本で

材料（2人分）
とうもろこし……………**1本**
生鮭（切り身）…………2切れ
塩、こしょう…………各少々
オリーブ油…………小さじ1
A｜バター……………5g
　｜酒……………大さじ1
　｜コンソメスープの素
　｜　（顆粒）………小さじ1/2
　｜塩………………少々

作り方
1 とうもろこしは**包丁で実をそぐ**。鮭は1切れを4〜5等分に切り、塩、こしょうする。

2 フライパンにオリーブ油を熱し、**1**を入れて6分ほど**途中上下を返すようにしながら**焼いて火を通す。

3 **2**の余分な油をふき取り、**A**を加えて炒め合わせる。

おやつにも！

1本で

食べれば笑みがこぼれる
コーンたっぷりピザ

時間30分 冷凍野菜OK

材料（2人分）
とうもろこし…………………**1本**
ベーコン…………………1枚
A | ホットケーキミックス
　　　………………… 150g
　　　絹ごし豆腐………… 75g
　　　オリーブ油……… 小さじ2
　　　塩…………… ひとつまみ
ピザソース（またはトマト
　ケチャップ）……… 大さじ5
溶けるチーズ………… 100g
パセリ（みじん切り）…… 適量
＊オーブンは250℃に余熱する。

作り方
1 とうもろこしは包丁で実をそ
ぐ。ベーコンは1cm幅に切る。

2 ボウルに**A**の材料を入れて
よくこね、2等分にして丸める。
1つずつ2枚のオーブンシート
ではさみ、手で平らにしてから
めん棒で直径15cmの円形に
のばす。**中央をくぼませ**、形
を整える。同様にもう1枚作る。

3 天板にオーブンシートを敷き、
2、ピザソース、溶けるチーズ、
1の順にのせて250℃に予熱
したオーブンで10～15分焼
く。パセリをちらす。

1本で

コーンのシャキッと
食感が楽しい

主食

子どもが大好きなケチャップ味！
コーンのケチャップライス

時間20分 冷凍2週間 冷凍野菜OK

材料（2人分）
とうもろこし…………………**1本**
ごはん ……茶碗多めに2杯分
　　（400g）
鶏もも肉……………… 1/3枚
塩、こしょう …………各少々
オリーブ油 ………… 大さじ1
A | トマトケチャップ
　　　………………1/4カップ
　　　ウスターソース ·小さじ1
　　　コンソメスープの素
　　　（顆粒）……… 小さじ1/2

作り方
1 とうもろこしは包丁で実をそ
ぐ。鶏肉は皮を除き、1.5cm
角に切って塩、こしょうする。

2 フライパンにオリーブ油を弱
めの中火で熱し、**1**の鶏肉を
炒める。肉に火が通ったら、
とうもろこしを加えて2分ほ
ど炒める。**A**を加えて**水分を
飛ばすように**3分ほど炒める。

3 **2**にごはんを加えて、炒め合
わせ、塩、こしょうで調味する。

焼きとうもろこし

副菜

お祭りの屋台気分で

時間10分

材料(2人分)
とうもろこし ························2本
A｜バター ·····························5g
　｜しょうゆ ···············大さじ½

作り方

1 とうもろこしは洗ってふんわりと1本ずつラップに包み、電子レンジで3分加熱して**上下を返し**、さらに3分加熱して火を通す。

2 フライパンにAを中火で熱し、1を加えて**軽く焦げ目をつける**。

2本で

コーンたっぷりスクランブルエッグ

副菜

ふんわり卵とコーンのマリアージュ

時間10分　冷凍野菜OK

材料(2人分)
とうもろこし ························1本
A｜卵 ····································3個
　｜牛乳 ·····················大さじ1・½
　｜塩、こしょう ···············各少々
バター ·································8g
トマトケチャップ ···············適量

作り方

1 とうもろこしは包丁で実をそぐ。

2 ボウルにA、1を入れて混ぜる。

3 フライパンにバターを中火で熱し、2を流し入れてゴムべらで**大きく混ぜる**。半熟になったら火を止め、器に盛る。ケチャップを添える。

1本で

コーンとささみとくずし豆腐の 柚子こしょう風味スープ

副菜

コーンと柚子こしょうが意外にも合う

時間15分　冷凍野菜OK

材料(2人分)
とうもろこし ························1本
鶏ささみ ·······························1本
木綿豆腐 ···························100g
片栗粉····· 適量(小さじ1～1・½)
塩、こしょう ·····················各少々
A｜だし汁 ························350㎖
　｜酒 ·····························大さじ1
　｜塩 ·························小さじ¼
柚子こしょう ·············小さじ¼

作り方

1 とうもろこしは包丁で実をそぐ。ささみは筋を除いてそぎ切りにし、塩、こしょうをして薄く片栗粉をまぶす。

2 鍋にAを入れて中火で沸騰させ、1を加える。**豆腐をくずしながら加える**。あくが出たら取りながら、4分ほどささみに火が通るまで煮る。**火を消して柚子こしょうを溶き入れる**。器に盛り、柚子こしょう(分量外)をのせる。

1本で

½本で

 作りおき

めんつゆやポン酢をつけて召し上がれ！

コーン入りがんも

時間20分 ｜ 冷蔵2〜3日 ｜ 冷凍野菜OK

材料（2人分、作りやすい分量）

とうもろこし ……………………½本
にんじん ……………………………¼本
木綿豆腐 ………………1丁（400g）
A｜卵 ………………………………⅓個
　｜片栗粉 …………………… 大さじ½
　｜塩 ……………………… ひとつまみ
揚げ油 …………………………………適量

作り方

1 豆腐は**しっかりと水きりする**。すり鉢ですり、Aを加えてよく混ぜる。

2 にんじんはせん切りにして塩少々（分量外）をふり、5分ほどおいて水けをしっかりしぼる。とうもろこしは包丁で実をそぐ。1に混ぜ、6等分にして平たい丸にまとめる。

3 油を170℃に熱し、2を**途中上下を返しながら**8分ほどこんがりと色がつくまで揚げる。

1本で

 作りおき

黄×緑が鮮やか！

とうもろこしと枝豆のコロコロサラダ

時間20分 ｜ 冷凍2週間 ｜ 冷蔵2日 ｜ 冷凍野菜OK

材料（2人分）

とうもろこし ………………………**1本**
枝豆 …………………………………100g
玉ねぎ ………………………………¼個
A｜オリーブ油 ……………… 大さじ1
　｜酢 ………………………… 大さじ½
　｜塩 ………………………… 小さじ¼
　｜こしょう ………………………少々

作り方

1 鍋に湯を沸かし、とうもろこしを入れて4〜5分ほどゆでる。実を包丁でそぐ。

2 1の湯で枝豆を5分ほどゆで、さやから実を出す。玉ねぎはみじん切りにして5分**水にさらし、水けを絞る**。

3 1、2をAであえる。

1本で

 作りおき

温めても、冷やしても

とうもろこしのポタージュ

時間20分 ｜ 冷凍2週間 ｜ 冷蔵2日 ｜ 冷凍野菜OK

材料（2人分）

とうもろこし ………………………**1本**
玉ねぎ ………………………………¼個
バター ………………………………10g
A｜水 ………………………………150㎖
　｜コンソメスープの素（固形）
　｜　　　　　　　　　　　……½個
B｜牛乳 ……………………… ½カップ
　｜生クリーム ………………¼カップ
　｜塩 …………………………………少々

作り方

1 とうもろこしは包丁で実をそぐ。玉ねぎは薄切りにする。

2 鍋にバターを弱めの中火で熱し、1を4分ほど炒める。Aを入れて一度中火で沸騰させ、弱火にしてふたをし、10分ほど**玉ねぎがへらで簡単につぶれるくらいまで煮る**。フードプロセッサーで**少し粒が残る程度に**攪拌する。

3 Bを加えて混ぜる。

じゃがいも

野菜データ

- ●旬の時期／春〜夏
- ●注目の栄養成分／ビタミンC、食物繊維、ギャバ、クロロゲン酸
- ●得られる効果／整腸作用、リラックス効果、抗酸化作用

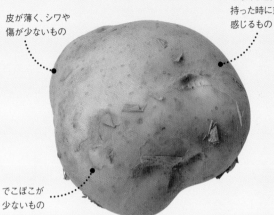

ふっくらと丸みがあり、持った時に重みを感じるもの

皮が薄く、シワや傷が少ないもの

でこぼこが少ないもの

じゃがいも37個で、こんなにつくれる！

丸ごと使って消費率アップ！

じゃがいもは、**まるまる1個、または大きく切って煮たり、ゆでたり、蒸したりしてからつぶして使う**と大量に使えます。また、適切な保存方法で保存すれば、おいしさを損なわず長い期間日持ちするので、焦らずゆっくり消費しても問題ありません。

3個で
→ p126 ⇒ p127 ⇒ p128
⇒ p130 ⇒ p130 ⇒ p132

2個で
⇒ p127 ⇒ p130 ⇒ p131
⇒ p131 ⇒ p131 ⇒ p132

大1個で
⇒ p129

大2個で
⇒ p129

小4個で
⇒ p132

保存方法

常温 約**4**か月

段ボール箱に新聞紙を敷き、じゃがいもを入れて、上に新聞紙をかぶせて風通しのよい冷暗所で保存しましょう。新聞紙をかぶせることで、光をさえぎり、芽が出るのを防ぐ効果があります。ただし、暑い時期は芽が出やすいので冷蔵保存がおすすめです。

冷蔵 約**3**か月

じゃがいもは、温度が低すぎる場所に置いておくと傷みが早くなります。冷やしすぎを防ぐためにも、新聞紙やペーパーで1個ずつじゃがいもを包み、ポリ袋に入れて冷蔵庫で保存すると長く保存できます。

ザクザクほくほく

3個で

揚げないから手軽にできる

主菜 スコップコロッケ 時間20分

材料(2人分)

じゃがいも …… 3個(正味300g)

豚ひき肉 ………………… 100g

玉ねぎ ………………… ¼個

塩、こしょう ………… 各少々

オリーブ油 ………… 小さじ1

A パン粉 ………… ½カップ
オリーブ油 …… 大さじ1・½

中濃ソース、レモン …… 各適量

作り方

1 フライパンに**A**を入れ、中火で炒めてこんがりときつね色のパン粉を作り、一度取り出す。

2 玉ねぎはみじん切りにする。フライパンにオリーブ油を中火で熱し、ひき肉と一緒に炒めて火を通す。

3 じゃがいもは洗った水けをつけたままふんわりとラップに包み、電子レンジで4分ほど加熱し、上下を返してさらに4分、竹串を刺してすっと通るまで加熱する。皮をむき、**熱いうちにつぶす。**

4 **3**に**2**、塩、こしょうを加えて混ぜ、器に盛る。上から**1**をのせ、ソース、レモンを添える。

126

主菜

カレー粉がふわりと香る
じゃがいもと合いびき肉の カレー風味炒め

時間20分 | 冷蔵2〜3日

材料(2人分)

じゃがいも
　……………2個(正味200g)
玉ねぎ ………………………1/6個
合いびき肉…………………70g
オリーブ油 …………小さじ2
A｜酒………………………大さじ1
　｜カレー粉 ………小さじ2/3
　｜しょうゆ ………小さじ2/3
　｜みりん …………小さじ2/3
　｜塩、こしょう ……各少々
パセリ(みじん切り) ……適量

作り方

1 じゃがいもは皮をむいて細切りにし、さっと水にさらして**水けをしっかりときる**。玉ねぎは薄切りにする。

2 フライパンにオリーブ油を中火で熱し、ひき肉、**1**を入れてふたをし、12分ほど**時々混ぜながら炒めて火を通す**。

3 **2**に**A**を加えて炒め合わせる。パセリをちらす。

2個で

／ちょっぴり スパイシー＼

主菜

トマトの酸味・うまみがじゃがいもにも
さば缶とじゃがいものトマト煮

時間30分 | 冷蔵2〜3日

材料(2人分)

じゃがいも ·3個(正味300g)
玉ねぎ ………………………1/4個
さば水煮缶 ………1缶(200g)
オリーブ油 …………小さじ1
A｜トマト水煮缶……1カップ
　｜水………………………1カップ
　｜ドライバジル…小さじ1/2
　｜塩、ブラックペッパー
　｜…………………………各少々
イタリアンパセリ(あれば)
　……………………………………適量

作り方

1 じゃがいもは皮をむいて4等分に切り、さっと水にさらして水けをきる。玉ねぎは薄切りにする。

2 鍋にオリーブ油を中火で熱し、**1**を3分ほど炒める。**A**を入れて一度煮立て、弱火にして**ふたをし**、じゃがいもがやわらかくなるまで15分ほど煮る。汁けを軽くきったさばを加え、4分ほど煮る。

3 器に盛り、あればイタリアンパセリを添える。

3個で

イタリア版 "さばじゃが"

じゃがいも料理の真骨頂

肉じゃが

時間30分 冷蔵2〜3日

材料（2人分）

じゃがいも …… **3個（正味300g）**
玉ねぎ …………………………… 1/2個
にんじん ………………………… 1/2本
さやいんげん ……………………… 3本
牛ロース薄切り肉 ……… 120g
サラダ油 ………………… 小さじ1

A｜だし汁 ………………… 1カップ
しょうゆ …………… 大さじ1・1/2
みりん …………………… 大さじ1
酒 ………………………… 大さじ1
砂糖 …………………… 大さじ2/3

作り方

1 じゃがいもは皮をむき、4等分に切る。玉ねぎはくし形切りにしてばらばらにする。にんじんは乱切りにする。いんげんは3〜4等分の長さに切る。牛肉は6cm長さに切る。

2 鍋に油を中火で熱し、1のいんげん以外を入れて3分ほど炒め、**油がなじんだら** A を加える。一度沸騰させ、ふたをして、弱火で10分ほど煮る。いんげんを加え、じゃがいもがやわらかくなるまで5分ほど煮て火を止める。

3
個で

\ じゃがいもしみしみ〜 /

副菜

とろ〜りみたらしあんをかけて
じゃがいも餅

時間30分 ｜ 冷蔵2日

材料（2〜3人分）

じゃがいも
　　……… **大2個（正味300g）**
片栗粉………………大さじ2
牛乳…………………大さじ1
塩………………… 小さじ1/4
サラダ油…………… 小さじ1
A ｜ 水……………… 1/3カップ
　｜ しょうゆ……… 小さじ2
　｜ 砂糖………… 小さじ2
　｜ 片栗粉…………小さじ1

作り方

1 じゃがいもは皮をむいて4〜6等分に切り、水から10〜12分ほど、やわらかくなるまでゆでてざるにあげる。熱いうちにつぶして片栗粉、牛乳、塩を混ぜる。8等分の平たい丸形にまとめる。

2 フライパンに油を中火で熱し、**1**を片面3〜4分ずつ、両面色がつくまで焼いて皿にのせる。

3 **A**を上から順にフライパンに入れて混ぜ合わせ、中火にかけて混ぜながら煮る。とろみがついたら**2**にかける。

大2個で

ほっくりもちもち

主菜

スナック感覚で食べられちゃう
サモサ風揚げ

時間30分 ｜ 冷蔵2日

材料（2〜3人分）

じゃがいも
　　………… **大1個（正味150g）**
A ｜ ツナ缶（汁けをきる）
　｜ ………… 1/2缶（35g）
　｜ ガラムマサラ（または
　｜ 　カレー粉）… 小さじ1/4
　｜ 塩………… 小さじ1/6
餃子の皮 ………………10枚
薄力粉 …………… 大さじ1
　（水少量で溶く）
揚げ油 …………………適量
パプリカパウダー（あれば）
　　………………………適量

作り方

1 じゃがいもは皮をむいて4〜6等分に切り、水から10〜12分ほど、やわらかくなるまでゆでてざるにあげる。熱いうちにつぶして**A**を混ぜる。

2 餃子の皮に**1**を1/10量ずつのせ、皮を3等分につまんでくっつけ、**水溶き薄力粉をつけてしっかりととじる。**

3 油を170℃に熱し、**2**を3分ほど焼き色がつくまで揚げる。あればパプリカパウダーをふる。

大1個で

パリッ！

やさしいクリームにほのかな酸味

副菜 じゃがいものマスタードクリーム煮

時間20分

材料(2人分)

じゃがいも ……… 3個(正味300g)
玉ねぎ ……………………………… 1/2個
バター ………………………………… 10g
水 ……………………………………… 1カップ
A 牛乳 …………………………… 1/2カップ
　 生クリーム ………………… 1/4カップ
　 粒マスタード ………… 大さじ1
　 塩 ……………………… 小さじ1/3
　 こしょう …………………… 少々

作り方

1 じゃがいもは皮をむき、厚さ8mmの輪切りにしてさっと水にさらし、水けをきる。玉ねぎは薄切りにする。

2 鍋にバターを中火で熱し、1を3分ほど炒める。水を加えて一度煮立て、弱火にしてふたをし、13分ほどじゃがいもがやわらかくなるまで煮る。

3 2にAを加え、沸騰直前まで温める。

こんがり焼き色がつくまで焼いて

副菜 じゃがいものチーズ入りガレット

時間20分

材料(2人分)

じゃがいも ……… 3個(正味300g)
A 粉チーズ ………………… 大さじ2
　 塩 ……………………… 小さじ1/4
　 こしょう …………………… 少々
バター ………………………………… 10g
トマトケチャップ(お好みで)・適量

作り方

1 じゃがいもは皮をむき、ピーラーなどで細いせん切りにし、Aを混ぜる。

2 直径20cm程度のフライパンにバターを中火で熱し、1を入れる。軽く炒め合わせてしんなりしたら、**へらでじゃがいも同士をくっつけるように押しつけ**、丸く整形する。ふたをして弱火で5分ほど焼く。裏返して同様に焼く。器に盛り、お好みでケチャップを添える。

コロンとかわいい

副菜 じゃがいものサーモン巻き

時間15分

材料(2人分)

じゃがいも ……… 2個(正味200g)
スモークサーモン ……………… 8枚
A 牛乳 ………………… 大さじ1・1/2
　 塩、こしょう ……………… 各少々
B マヨネーズ ……… 大さじ1・1/2
　 牛乳 …………………… 小さじ1
　 練りわさび ………… 小さじ1/3

作り方

1 じゃがいもは皮をむいて4〜6等分に切り、さっと水にさらして水から約10〜12分、竹串がすっと通るまでゆで、ざるにあげる。**熱いうちにつぶしてAを混ぜ**、8等分にして丸める。

2 スモークサーモンは大きければ半分に切る。1にスモークサーモンを巻きつける。

3 2を皿に盛り、混ぜ合わせたBをかける。

作りおき

さっぱりしていて食べ飽きない
梅とじゃこの和風ポテトサラダ

時間15分 ｜ 冷蔵2〜3日

2個で

材料(2人分)
じゃがいも …… 2個(正味200g)
ちりめんじゃこ ……… 大さじ1・1/2
梅干し ……………………………2個
青じそ ……………………………4枚
A ┌ マヨネーズ ………… 大さじ2
　│ 酢 ………………………… 小さじ1
　└ 塩、こしょう ………… 各少々

作り方
1 じゃがいもは皮をむいて4〜6等分に切り、さっと水にさらして水から約10〜12分、竹串がすっと通るまでゆで、ざるにあげる。**熱いうちに半分軽くつぶす。**

2 梅干しは種を除いて5mm程度の大きさに切る。青じそはせん切りにしてさっと水にさらして水けを絞る。

3 1、ちりめんじゃこ、2をAであえる。

作りおき

クリームチーズでコクうま!
じゃがいものクリームチーズ入りサラダ

時間20分 ｜ 冷蔵2〜3日

2個で

材料(2人分)
じゃがいも …… 2個(正味200g)
ベーコン …………………………1枚
クリームチーズ ………………30g
A ┌ マヨネーズ …… 大さじ2・1/2
　│ レモン汁 …………… 小さじ1
　└ 塩、こしょう ……… 各少々
ブラックペッパー ………… 適量

作り方
1 じゃがいもは皮をむいて4〜6等分に切り、さっと水にさらして水から10〜12分、竹串がすっと通るまでゆで、ざるにあげる。**熱いうちに半分軽くつぶす。**

2 クリームチーズは1cm角に、ベーコンは8mm幅に切ってアルミホイルにのせ、トースターでカリカリになるまで焼く。

3 1、2をAであえ、ブラックペッパーをふる。

作りおき

シャキシャキのじゃがいもにかつおの風味をつけて
せん切りじゃがいものおかかあえ

時間15分 ｜ 冷蔵2〜3日

2個で

材料(2人分)
じゃがいも …… 2個(正味200g)
A ┌ 削り節 ……………………4g
　│ しょうゆ …………… 小さじ2
　│ ごま油 ……………… 小さじ1
　└ 砂糖 ……………… 小さじ1/4

作り方
1 じゃがいもはせん切りピーラーなどで細いせん切りにし、さっと水にさらして水けをきる。沸騰した湯で2分半〜3分ゆでてざるにあげ、**冷水にとって冷やし、水けをしっかりと絞る。**

2 1をAであえる。

2個で

皮ごと使って香ばしさアップ！
ジャーマンポテト

時間15分 | 冷蔵2〜3日

材料(2人分)

じゃがいも ……… **2個(正味200g)**
ウィンナー(4等分に切る)…2本分
にんにく(薄切り) …………1片分
オリーブ油…………………大さじ2
塩、ブラックペッパー ……各少々

作り方

1 じゃがいもは8等分のくし形切りにし、水にさっとさらして**水けをふく**。

2 フライパンにオリーブ油、にんにく、入れて弱火にかけ、香りが出たらにんにくを取り出し、1を加える。じゃがいもを5分ほど上下返しながら焼き、ウィンナーも加えてさらに炒める。

3 2ににんにくを戻し入れ、余分な油をペーパーで吸い、塩、ブラックペッパーで味を調える。

3個で

作りおき

じゃがいもは形を少し残す程度につぶして
くずしじゃがいもの
ビシソワーズ風スープ

時間30分 | 冷蔵2日

材料(2人分)

じゃがいも ……… 3個(正味300g)
玉ねぎ ……………………………¼個
バター ……………………………10g
A 水 ……………………………1カップ
　コンソメスープの素(固形)
　……………………………………½個
　塩、こしょう ………… 各少々
牛乳 ………………………………1カップ

作り方

1 じゃがいもは皮をむき、5mm厚さの半月切りにする。玉ねぎは薄切りにする。

2 鍋にバターを中火で熱し、1を3分ほど炒める。Aを加えて一度煮立て、弱火にしてふたをし、15分ほどじゃがいもがくずれるくらいやわらかくなるまで煮る。**へらでじゃがいもと玉ねぎを軽くつぶす。**

3 牛乳を加えて混ぜ、冷蔵庫で冷やす。

小4個で

作りおき

コンソメがじゃがいもにしみたほくほくスープ
丸ごとじゃがいものコンソメスープ

時間35分 | 冷蔵2〜3日

材料(2人分)

じゃがいも … 小4個(正味320g)
玉ねぎ ……………………………¼個
オリーブ油…………………………小さじ1
A 水 ……………………………2カップ
　コンソメスープの素(固形)
　……………………………………1個
　塩、こしょう ………… 各少々
溶けるチーズ …………………50g
ブラックペッパー ……………少々

作り方

1 じゃがいもは皮をむき、さっと水にさらして水けをきる。玉ねぎは薄切りにする。

2 鍋にオリーブ油を中火で熱し、1を3分ほど炒める。Aを加えて一度煮立て、弱火にしてふたをし、25分ほどじゃがいもに竹串がすっと通るまで煮る。

3 食べる直前に溶けるチーズを入れ、ブラックペッパーをふる。

かぼちゃ

- 旬の時期／夏
- 注目の栄養成分／βカロテン、ビタミンC、ビタミンE
- 得られる効果／血行促進、風邪予防、抗酸化作用

ヘタが枯れているもの

ツヤがあり、ずっしり重いもの

縦に溝があるもの

つぶしたり、煮たりすれば消費しやすい

かぼちゃは、**つぶすか、煮物、スープ**などに使うと大量に使えます。この時、大きくカットすると火が通りにくいので、**一口大程度に切る**のがポイントです。また、かぼちゃの甘みを生かして、**お菓子作りに使う**と大量消費できます。

保存方法

常温 約**2**か月

1個丸ごとのままであれば、常温保存がおすすめです。新聞紙で包み、風通しのいい冷暗所で保存するようにしましょう。

冷蔵 約**1**週間

カットしたものは、傷みやすいので、種とワタをスプーンで取り除き、しっかりラップで包んで冷蔵庫で保存します。

冷凍 約**1**か月

薄切りや一口大に切り、軽くゆでてから、冷凍用保存袋に入れて冷凍庫で保存します。使う時は、電子レンジで解凍するか、凍ったまま使うとよいでしょう。

かぼちゃ約**2.5**個で、こんなにつくれる！

1/4個で

→ p137

→ p139

1/5個で

→ p134

→ p135

→ p135

→ p136

1/6個で

→ p138

1/8個で

→ p136

→ p138

→ p138

→ p139

→ p139

→ p140

→ p140

→ p140

133

まろやかな酸味でさっぱり味わえる

かぼちゃと鶏もも肉の酢どり

| 時間20分 | 冷凍野菜OK |

材料(2人分)

かぼちゃ……………1/5個(250g)
鶏もも肉…………小1枚(200g)
A| しょうゆ、酒……各大さじ1/2
片栗粉…………………適量
ごま油……………………大さじ1

B 水……………………大さじ2
砂糖…………………大さじ1・1/3
トマトケチャップ、酢、
　　しょうゆ………各大さじ1
片栗粉……………………小さじ1
鶏がらスープの素(顆粒)
……………………小さじ1/2
しょうが(すりおろし)
……………………小さじ1/2
粉山椒……………………適量

1/5
個で

作り方

1 かぼちゃは1cm厚さのくし形切りにし、長さを3等分にする。鶏もも肉は4cm角に切り、Aをもみこみ、片栗粉を薄くまぶす。

2 フライパンにごま油をひき、1を並べ、中火にかける。ふたをし、途中裏返して7〜8分火が通るまで焼く。

3 2の余分な油をペーパーでふき取り、上から順に混ぜ合わせたBを加え、かぼちゃをくずさないよう**軽くゆするように混ぜ合わせ**、とろみがつくまで炒め合わせる。器に盛り、粉山椒をふる。

| 極うま！ |

主菜

かぼちゃの甘みに笑みがこぼれる

かぼちゃとツナの
カレー風味コロッケ

時間20分

1/5個で

サクッと
おいしい！

材料（2人分）

かぼちゃ ……… 1/5個（250g）

水 ………………… 大さじ1

A｜ツナ缶（汁けをきる）
　　 …………… 1缶（70g）
　｜カレー粉 ……… 小さじ1/3
　｜塩 …………… 小さじ1/6

薄力粉、溶き卵、パン粉
　 ………………… 各適量

揚げ油 …………… 適量

ベビーリーフ、中濃ソース
　 ………………… 各適量

作り方

1 かぼちゃは4cm角程度に切り、耐熱容器に並べて水をかけ、ふんわりとラップをする。電子レンジで3分ほどやわらかくなるまで加熱する。

2 1をつぶし、Aを混ぜ、4等分の小判形に丸める。薄力粉、溶き卵、パン粉の順につける。

3 フライパンに多めの油を中火で熱し、2の両面を3〜4分、カリッと焼き色がつくまで揚げる。お皿に盛り、ベビーリーフ、中濃ソースを添える。

主菜

パン粉がカリッとするまで焼くのがポイント

かぼちゃとえびの
ガーリックパン粉焼き

時間20分　冷凍野菜OK

1/5個で

ザクッ！ほくっ！ぷりっ！
の三拍子

材料（2人分）

かぼちゃ ……… 1/5個（250g）

むきえび（大） ……… 150g

A｜塩、こしょう … 各少々

B｜パン粉 ……… 1/2カップ
　｜にんにく（みじん切り）
　　 ……………… 1片分
　｜オリーブ油
　　 ………… 大さじ1・1/2
　｜粉チーズ …… 大さじ1
　｜ドライハーブミックス
　　 …………… 小さじ1
　｜塩 ………… 小さじ1/4

作り方

1 かぼちゃは8mm幅のくし形切りにする。耐熱皿にのせてふんわりとラップをし、電子レンジで約3分加熱する。

2 えびは背わたを除きAをふる。耐熱容器に入れ、ふんわりとラップをして電子レンジで約1分半加熱する。

3 1に2のえびをのせ、混ぜ合わせたBをかける。アルミホイルをかぶせてトースターで3分焼き、ホイルを取って3分焼く。

ほくっ！ カリッ！

1/5個で

かぼちゃの甘さと豚バラのコクがマッチ

かぼちゃと豚バラ薄切り肉のバターしょうゆ炒め

| 時間20分 | 冷蔵2日 | 冷凍野菜OK |

材料（2人分）

かぼちゃ ……… 1/5個（250g）
豚バラ薄切り肉 ……… 160g
薄力粉 ……………………… 適量
オリーブ油 ………… 小さじ1
A｜ バター ……………………… 5g
　｜ しょうゆ ………… 大さじ1
　｜ 酒 ………………… 小さじ2
　｜ にんにく（すりおろし）
　｜ ……………………… 小さじ1/2

作り方

1 かぼちゃは8mm厚さのくし形切りにし、半分の長さに切る。

2 豚バラ肉はかぼちゃに巻ける程度の2～3等分の長さに切り、1に豚バラ肉を巻きつけて**巻き終わりをしっかりと押さえてとめ**、薄力粉を薄くまぶす。

3 フライパンにオリーブ油を中火で熱し、2の巻き終わりを下にして並べ、ふたをして途中裏返し、片面5～6分ずつ焼く。余分な油をふき取り、Aを入れて炒め合わせる。

ほっこりおいしい

1/8個で

主食

かぼちゃの甘みがお米にも

かぼちゃリゾット

| 時間30分 |

材料（2～3人分）

かぼちゃ ……… 1/8個（150g）
米 ……………………… 1カップ
玉ねぎ（みじん切り）… 1/8個分
にんにく（みじん切り）… 1片分
オリーブ油 ……… 大さじ1・1/2
A｜ 水 ……………………… 3カップ
　｜ 酒（あれば白ワイン）
　｜ ……………………… 大さじ1
　｜ コンソメスープの素
　｜ （固形） ……………… 1個
粉チーズ ………………… 適量
塩、ブラックペッパー
……………………… 各少々

作り方

1 かぼちゃは2cm角に切る。米は洗い、ざるにあげて水けをきる。

2 フライパンにオリーブ油、玉ねぎとにんにくを入れて弱火にかけて炒め、にんにくの香りがしてきたら、1の米を加えて中火で2分ほど炒める。

3 2にAを加えて煮立て、2～3回混ぜる。ふたをして弱火にし、10分煮る。1のかぼちゃを加えてさらに8～10分煮て火を止め、塩で味を調える。器に盛り、粉チーズ、ブラックペッパーをかける。

主食

かぼちゃはゆでずにレンジがコツ！

かぼちゃニョッキ

時間30分

材料（2〜3人分、作りやすい分量）

かぼちゃ …………… 1/4個（正味250g）

A｜ オリーブ油 ……………… 大さじ1

　｜ 塩 ………………………… 小さじ1/6

　｜ 粉チーズ ………………… 大さじ1

　｜ 薄力粉、片栗粉 ……… 各大さじ4

玉ねぎ ………………………………… 1/2個

ベーコン ……………………………… 3枚

オリーブ油 ………………………… 大さじ1

白ワイン（または酒）……… 大さじ2

B｜ コンソメスープの素（固形）

　｜ ……………………………… 1/2個

　｜ ホワイトソース缶 …1/2缶（150g）

　｜ 牛乳 …………………… 1/2カップ

塩、こしょう ………………… 各適量

パセリ（みじん切り）………… 適量

作り方

1 かぼちゃは1cm厚さのくし形切り
　 にして耐熱容器に並べ、水大さ
　 じ1（分量外）をかけてラップをし、
　 電子レンジで約4分加熱する。

2 1の皮を除いて熱いうちにつぶし、
　 Aを上から順に加えてその都度
　 練ってまとめる。一口大にし、楕
　 円形に丸め、広げたラップの上に
　 のせてフォークで筋をつける。

3 玉ねぎは薄切りにし、ベーコン
　 は1cm幅に切る。フライパンにオ
　 リーブ油を中火で熱して炒め、白
　 ワインを加えて煮立てる。**B**を加
　 えてとろみがつくまで混ぜながら
　 煮る。塩、こしょうで味を調える。

4 鍋に湯を沸かし、塩、**2**を入れて
　 3分ほどゆで、ざるにあげる。

5 **3**に**4**を入れ、中火でさっと煮か
　 らめる。器に盛り、パセリをちらす。

1/4
個で

もちもち！

137

1/8 個で

副菜 かぼちゃの甘みと豆乳でまろやか
かぼちゃとささみの豆乳シチュー

時間20分 | 冷凍野菜OK

材料（2人分・作りやすい分量）
かぼちゃ ··············· 1/8個（200g）
玉ねぎ ····························· 1/3個
鶏ささみ ····························· 1本
塩、こしょう ··················· 各少々
薄力粉 ··················· 大さじ1・1/2
バター ····························· 10g
A｜水 ························· 1カップ
　｜コンソメスープの素（固形）
　｜ ························· 1個
豆乳 ····························· 150mℓ

作り方
1. かぼちゃは3cm角に切り、玉ねぎは薄切りにする。ささみは筋を除いてそぎ切りにし、塩、こしょうを強めにふる。
2. 鍋にバターを中火で熱し、**1**を入れて2分ほど炒め、薄力粉を**全体にふって混ぜる**。Aを入れて一度煮立て、ふたをして弱火で8分ほど、かぼちゃがやわらかくなるまで煮る。
3. **2**に豆乳を加え、沸騰直前まで温める。

1/6 個で

副菜 ほくっとしたかぼちゃにごまだれが合う
蒸しかぼちゃのごまだれかけ

時間10分

材料（2人分）
かぼちゃ ··············· 1/6個（200g）
塩 ······························· 少々
A｜練り白ごま ··········· 大さじ1
　｜砂糖 ··················· 小さじ1
　｜しょうゆ ··············· 小さじ1
　｜酢 ····················· 小さじ1
　｜水 ····················· 小さじ1
　｜和風だし（顆粒） ··········· 少々

作り方
1. かぼちゃは8mm厚さのくし形切りにし、耐熱皿に並べて**水大さじ1（分量外）をかけて**塩をまぶす。ふんわりとラップをし、電子レンジで3分ほど加熱して火を通し、器に盛る。
2. Aを上から順に混ぜ合わせ、**1**にかける。

（ポイント）

練り白ごまがない場合は、すり白ごまでもOK。たれに砕いたくるみを加えてもおいしい。

1/8 個で

副菜 にんにくの香りに食欲増進！
かぼちゃのペペロンチーノ風炒め

時間20分 | 冷凍野菜OK

材料（2人分）
かぼちゃ ··············· 1/8個（200g）
ベーコン（1.5cm幅に切る）···2枚分
にんにく（薄切り） ··········· 1片分
赤唐辛子（輪切り） ····· ひとつまみ
オリーブ油 ··············· 大さじ1
塩、ブラックペッパー ······ 各少々

作り方
1. かぼちゃは5mm厚さに切り、3〜4等分の食べやすい長さに切る。
2. フライパンにオリーブ油、にんにく、赤唐辛子を入れて中火にかける。にんにくは香りが出たら途中一度取り出しておく。**1**のかぼちゃ、ベーコンも加えてふたをし、時々上下を返しながら7〜8分炒める。
3. にんにくを戻し入れ、塩、ブラックペッパーで調味する。

作りおき

ほっくり安定の味
かぼちゃの煮物

時間20分 | 冷蔵2〜3日

材料(3〜4人分、作りやすい分量)

かぼちゃ …………… 1/4個(300g)
A｜水 ………………………… 150㎖
｜しょうゆ ………… 大さじ1・1/2
｜砂糖 …………… 大さじ1・1/2
｜塩 …………………………… 少々

作り方

1 かぼちゃは3〜4cm角に切る。

2 鍋にAを入れて混ぜ合わせ、1のかぼちゃの皮を下にして並べる。ふたをして中火にかけて一度煮立てる。弱火にしてふたをし、10分ほど煮て火を通す。

（ポイント）

耐熱ボウルに材料を入れてふんわりとラップをし、電子レンジで7〜8分、途中上下を一度返して加熱しても作れます。

1/4 個で

作りおき

しょうが入りだからさっぱり味わえる
素揚げかぼちゃ&ししとうのめんつゆひたし

時間20分 | 冷蔵2〜3日

材料(2人分)

かぼちゃ …………… 1/8個(200g)
ししとう………………………………8本
サラダ油……………… 大さじ2〜3
A｜めんつゆ(2倍濃縮)‥1/3カップ
｜水 …………………………… 大さじ3
｜しょうが(せん切り)‥1/2片分

作り方

1 かぼちゃは8mm厚さのくし形切りにし、長さを半分に切る。

2 フライパンに油を中火で熱し、1のかぼちゃは7〜8分、ししとうは3〜4分途中裏返しながら揚げ焼きにし、油をきる。

3 2が熱いうちにAにひたす。

1/8 個で

作りおき

おやつにもなるきんぴら
かぼちゃのシナモン風味きんぴら

時間20分 | 冷蔵2〜3日

材料(2人分)

かぼちゃ …………… 1/8個(200g)
サラダ油………………… 大さじ1/2
A｜砂糖………………… 大さじ1・1/2
｜しょうゆ ……………… 小さじ2
シナモンパウダー …………… 少々

作り方

1 かぼちゃは5mm四方のスティック状に切る。

2 フライパンに油を中火で熱し、火を少し弱めて1を5分ほど竹串が通るまで炒める。

3 2のフライパンにAを加え、さらに2〜3分炒めて火を通し、火を止めてシナモンパウダーをふる。

1/8 個で

くるみの食感がアクセント

かぼちゃとくるみのマヨサラダ

時間10分 | 冷蔵2〜3日 | 冷凍野菜OK

材料(2人分)

かぼちゃ ……………… 1/8個(200g)
玉ねぎ ……………………………… 1/6個
くるみ(粗く刻む) ……………… 35g
A | マヨネーズ …………… 大さじ2
　 | 塩、こしょう ………… 各少々

作り方

1 かぼちゃは3cm角に切り、耐熱容器に並べて水大さじ1(分量外)をかけてふんわりとラップをする。電子レンジで約3分、竹串がすっと通るまで加熱し、**熱いうちにかたまりが残る程度につぶす。**玉ねぎは薄切りにして水にさっとさらしてラップに包み、電子レンジで20〜30秒加熱し、冷水にとって水けを絞る。

2 1、くるみをAであえる。

ごまと味噌をかぼちゃにまとわせて

かぼちゃのごま味噌あえ

時間10分 | 冷蔵2〜3日 | 冷凍野菜OK

材料(2人分)

かぼちゃ ……………… 1/8個(200g)
A | すり白ごま ……… 大さじ1・1/2
　 | 味噌 ………………… 大さじ1/2
　 | 砂糖 …………………… 小さじ1
　 | しょうゆ …………… 小さじ1/2

作り方

1 かぼちゃは2cm角に切り、耐熱容器に並べて水大さじ1(分量外)をかけてふんわりとラップをする。電子レンジで約3分、竹串がすっと通るまで加熱する。

2 1を混ぜ合わせたAであえる。

そのまま食べるのはもちろん、バゲットにディップしても

かぼちゃとクリームチーズのディップ

時間15分 | 冷蔵2〜3日

材料(2人分)

かぼちゃ ……………… 1/8個(200g)
クリームチーズ(室温でやわらかくする) ………………………… 30g
マヨネーズ …………………… 大さじ1/2
塩 ……………………………………… 少々

作り方

1 かぼちゃは4cm角に切り、**水から10分ほど、竹串がすっと通るまでゆで、**ざるにあげて水けをきる。**熱いうちに皮を除いてつぶし、冷ます。**

2 クリームチーズをゴムべらで練って柔らかくし、1、マヨネーズ、塩を加えて練り混ぜる。

さつまいも

野菜データ
- 旬の時期／秋
- 注目の栄養成分／ビタミンC、ビタミンB₁、ビタミンB₆、食物繊維
- 得られる効果／抗酸化作用、肌荒れ予防、整腸作用

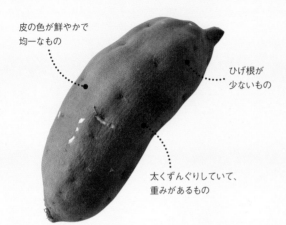

- 皮の色が鮮やかで均一なもの
- ひげ根が少ないもの
- 太くずんぐりしていて、重みがあるもの

おかずだけじゃなく、お菓子作りにも

甘みがおいしいさつまいもは、**おかず作りにも、お菓子作りにも使える**のがポイントです。**油との相性がよいため**、揚げ物や炒め物に使ったり、バターをからめたりするとうまみがアップします。また、**つぶしてペースト状にする**のもおすすめです。

保存方法

常温 約**1か月**

さつまいもは常温保存が基本です。低温に弱いので、1本ずつ新聞紙に包み、冷暗所で保存します。
また、そのまま段ボール箱に入れ、冷暗所に置いて常温保存することも可能です。

冷凍 約**1か月**

冷凍するときには、皮つきのまま輪切りなどの使いやすい大きさに切り、水にさらして水けをしっかりふき取ってから冷凍保存袋に入れて冷凍庫へ。

さつまいも約**7**本で、こんなにつくれる！

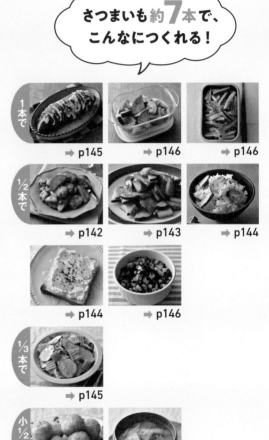

1本で
→ p145　→ p146　→ p146

½本で
→ p142　→ p143　→ p144

→ p144　→ p146

⅓本で
→ p145

小½本で
→ p143　→ p145

memo

さつまいもは少しおいておくと甘みアップ！

さつまいもは掘りたてだと甘みが少なく、しばらくおくことで甘みが増します。甘いさつまいもが味わいたいなら、適切な常温保存をしてから食べるのがおすすめです。

甘酸っぱい
あんがたまらない！

1/2
本で

主菜 豚こま肉を丸めてボリュームアップ！

さつまいもと豚こまの焼き酢豚

時間25分

材料（2人分）

さつまいも	1/2本（200g）
玉ねぎ	1/3個
豚こま切れ肉	150g
塩、こしょう	各少々
片栗粉	大さじ1
ごま油	大さじ2

A

水	1/2カップ
酢、砂糖	各大さじ1・1/2
しょうゆ	大さじ1強
片栗粉、トマトケチャップ、酒	各大さじ1
しょうが（すりおろし）	小さじ1
鶏がらスープの素（顆粒）	小さじ1/2

作り方

1 さつまいもは8mm厚さの半月切りにし、水に5分さらして水けをしっかりとふく。玉ねぎはくし形切りにしてばらばらにほぐす。豚肉は直径4cm、厚さ1cm程度に**手で丸めて形を整え**、塩、こしょう、片栗粉をまぶす。

2 フライパンにごま油を弱火で熱し、1のさつまいもを入れてふたをし、途中上下を返しながら3分ほど焼く。豚肉、玉ねぎも加えて軽く混ぜながら4〜5分火が通るまで焼く。

3 2の油の半量をペーパーで吸い取り、混ぜ合わせた**A**を入れて中火でとろみがつくまで炒め合わせる。

主菜

半端に余ったさつまいもは炒め物に

チョップドさつまいものバターじょうゆ炒め

時間20分

½本で

バターじょうゆでやみつき！

材料（2人分）
さつまいも……½本（200g）
ベーコン……………………2枚
オリーブ油…………大さじ1
A ┌ バター…………………10g
　├ しょうゆ………大さじ½
　├ にんにく（すりおろし）
　│　…………………小さじ½
　└ 塩、ブラックペッパー
　　………………………各少々

作り方
1　さつまいもは5mm厚さのいちょう切りにし、水に5分さらして水けをしっかりときる。ベーコンは8mm幅に切る。

2　フライパンにオリーブ油を中火で熱し、1を入れてふたをし、弱火で7分ほど、途中時々かき混ぜながら炒めて火を通す。

3　2の**余分な油をペーパーで吸い取り**、Aを加えて炒め合わせる。

主菜

さつまいものやさしい甘みを感じて

さつまいものごま団子揚げ

時間25分

小½本で

ぷちっ！もちっ！

材料（2人分）
さつまいも
　…………小½本（150g）
砂糖…………大さじ2・½
塩………………………少々
いり白ごま…………大さじ4
揚げ油…………………適量
A ┌ 白玉粉………………100g
　├ 砂糖…………………20g
　└ 水……………………80mℓ

作り方
1　さつまいもは皮をむいて1cm厚さの輪切りにし、水にさっとさらして水けをきる。水から中火で8分ほどゆで、ざるにあげて**熱いうちにつぶす**。砂糖と塩を加えてなめらかになるまで練る。10等分にして丸める。

2　Aを練り混ぜ10等分にして、丸める。**平たくつぶして広げ**1をのせてとじるように包み、周りに白ごまをまぶす。同様に残り9個作る。

3　油を170℃に熱し、2を4〜5分色がつくまで揚げる。

ほっこりおいしい

1/2本で

主食 ほんのり塩味がさつまいもの甘みを高める
さつまいもごはん

時間50分

材料（3〜4人分、作りやすい分量）

さつまいも……1/2本（200g）
米……………………………2合
酒…………………………大さじ1
塩………………………小さじ1/4
ごま塩（お好みで）………適量

作り方

1. 米は洗って炊飯器に入れ、2合の水加減にし、30分以上吸水させる。

2. さつまいもは8mm厚さのいちょう切りにして水に5分さらし水けをきる。

3. **1の水を大さじ1捨てて、**酒、塩を混ぜ、**2**をのせて通常モードで炊く。炊きあがったらさっくりと混ぜ、お好みでごま塩をふる。

はちみつ
つゆだくで！

1/2本で

主食 脳天にうまさ直撃！
スイートポテト風トースト

時間20分 ｜ 冷蔵2〜3日

材料（作りやすい分量）

さつまいも……1/2本（200g）
A 砂糖…………………………50g
　 バター…………………………10g
　 牛乳………………………大さじ1
食パン…………………………2枚
いり黒ごま……………………適量
はちみつ（お好みで）……適量

作り方

1. さつまいもは皮をむいて1cm厚さの輪切りにし、水にさっとさらして水けをきる。水から中火で8分ほどやわらかくなるまでゆで、ざるにあげて**熱いうちにつぶす。**Aを加えて混ぜる。

2. 食パンに**1**をぬり、黒ごまをふって、トースターで4〜5分焼く。お好みではちみつをかける。

アレンジ

1を4等分に丸めてアルミカップに入れる。卵黄1/2個、牛乳小さじ1/2を混ぜたものをぬり、黒ごまをふってトースターで約5分焼く。

さつまいものハッセルバック風

副菜 バターとチーズがさつまいもの甘みを引き立てる

時間25分

材料（2人分）

さつまいも …………… 1本（400g）
バター ……………………………… 15g
塩 …………………………………… 少々
溶けるチーズ ………………… 50g
オリーブ油 ……………………… 適量
ブラックペッパー ……………… 少々

作り方

1 さつまいもは濡らしたペーパーで包んで耐熱皿にのせ、ふんわりとラップをして電子レンジで約3分加熱し、上下を返してさらに3分加熱する。**下1cm残し、5mm間隔で切り込みを入れる。**

2 耐熱皿の内側にオリーブ油をぬる。1をのせ、全体にバターをぬって塩をふり、切れ目にチーズをはさむ。トースターで8分ほどチーズが焦げるまで焼く。ブラックペッパーをふる。

さつまいもの素揚げのせサラダ

副菜 異なる食感の素材を粒マスタードドレッシングでまとめて

時間15分

材料（2人分）

さつまいも ………… 1/3本（130g）
塩 …………………………………… 少々
レタス、ベビーリーフなど …… 150g
お好みのチーズ ………………… 20g
サラダ油 ………………………… 適量
A オリーブ油 ………… 大さじ1
　 マヨネーズ ………… 大さじ1
　 酢 ………………………… 小さじ2
　 粒マスタード ……… 小さじ1
　 塩、こしょう、砂糖 …… 各少々

作り方

1 さつまいもは5mm厚さに切り、水に5分さらして**水けをペーパーでしっかりとふく。**

2 フライパンに多めの油を中火で熱し、1を入れて4分ほど**カリッとするまで**焼く。油をきり、塩をまぶす。

3 皿に、食べやすい大きさにちぎったレタス、ベビーリーフ、食べやすい大きさに切ったチーズ、2を盛り、混ぜ合わせたAをかける。

さつまいもとさつま揚げのごま味噌汁

副菜 ボリュームたっぷりおかず味噌汁

時間20分　冷凍野菜OK

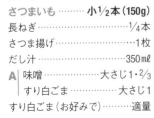

材料（2人分）

さつまいも ……… 小1/2本（150g）
長ねぎ …………………………… 1/4本
さつま揚げ ……………………… 1枚
だし汁 ………………………… 350ml
A 味噌 ………………… 大さじ1・2/3
　 すり白ごま ………… 大さじ1
すり白ごま（お好みで）……… 適量

作り方

1 さつまいもは1cm厚さのいちょう切りにして水に5分さらす。長ねぎは斜め薄切りに、さつま揚げは8mm幅に切る。

2 鍋にだし汁、1を入れて中火で一度煮立て、弱火にしてふたをし、8分ほどさつまいもがやわらかくなるまで煮る。

3 2にAを溶き入れてひと煮して、火を止める。器に盛り、お好みですり白ごまをふる。

作り
おき

食物繊維たっぷり！
コロコロさつまいも＆ひじきと
ミックスビーンズの和風サラダ

時間15分 ｜ 冷蔵2〜3日 ｜ 冷凍野菜OK

材料（2人分、作りやすい分量）

さつまいも ………… 1/2本（200g）
ミックスビーンズ …………… 50g
ひじきの水煮 ………………… 30g
A｜ オリーブ油 ……… 大さじ1・1/2
　｜ しょうゆ ………… 小さじ1
　｜ 酢 ………………… 小さじ2
　｜ 塩、こしょう ……… 各少々

作り方

1 さつまいもは1cm角に切り、水にさっとさらして水けをきる。水から中火で5分ほど竹串が通るまでゆで、ざるにあげる。

2 1、ミックスビーンズ、ひじきの水煮をAであえる。

1本で

作り
おき

磯の香りがふわり
さつまいもの青のりバターあえ

時間15分 ｜ 冷蔵2〜3日 ｜ 冷凍野菜OK

材料（2人分）

さつまいも ………… 1本（400g）
A｜ バター ………………… 10g
　｜ 青のり …………… 小さじ1
　｜ 塩 ………………… 少々

作り方

1 さつまいもは1cm厚さのいちょう切りにし、水にさっとさらして水けをきる。水から中火で8分ほど竹串が通るまでゆで、ざるにあげる。

2 1が熱いうちにAであえる。

1本で

作り
おき

うふふなおいしさ！
シナモン風味のいもけんぴ

時間15分 ｜ 冷蔵2〜3日

材料（2人分）

さつまいも ………… 1本（400g）
揚げ油 ………………………… 適量
A｜ 砂糖 …………… 大さじ3・1/2
　｜ 水 ……………… 大さじ1
　｜ 塩 ………………… 少々
シナモンパウダー ……………… 少々

作り方

1 さつまいもは5mm角のスティック状に切り、水に5分さらす。ペーパーで水けをしっかりとふく。

2 フライパンに油を1cmほど入れ、中火で2分ほど温めて1を加え、時々混ぜながら**カリッとするまで**揚げる。

3 別のフライパンか小鍋にAを中火で温め、**泡が大きくなったら**2を加えてからめる。火を止め、シナモンをふり、オーブンシートに取り出し冷ます。

里いも

野菜データ
- ● 旬の時期／秋
- ● 注目の栄養成分／カリウム、食物繊維
- ● 得られる効果／高血圧予防、整腸作用、生活習慣病予防

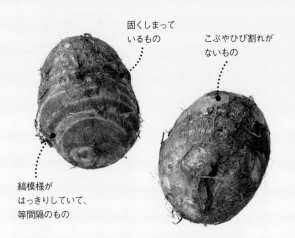

固くしまっているもの

こぶやひび割れがないもの

縞模様がはっきりしていて、等間隔のもの

レンジで加熱してから使えば料理の幅が広がる！

里いもは、煮ればねっとり、焼いたり揚げたりすればほくほくの食感が味わえるのが魅力です。大量消費の極意は、**電子レンジで加熱してから料理に使うこと**。そうすることで、時短につながり、いろいろな料理にアレンジできます。

里いも約**42**個で、こんなにつくれる！

3個で

→ p149

→ p149

→ p151

→ p152

→ p152

→ p152

→ p153

→ p154

→ p154

→ p154

2個で

→ p151

小8個で

→ p148

→ p153

→ p153

小4個で

→ p150

保存方法

常温 **約1か月**

里いもは、寒さと乾燥が苦手なので、新聞紙を敷いた段ボール箱に入れて、さらに新聞紙を上にのせ、冷暗所で保存するようにしましょう。

冷凍 **2〜4週間**

皮をむき、輪切りにして冷凍用保存袋に入れてから冷凍庫で保存します。また、固めにゆでて冷凍用保存袋に入れ、冷凍保存しても問題ありません。冷凍した里いもは、煮物などに、解凍せずにそのまま使えます。

主菜 鶏のうまみが里いもに染み込んだ

里いもと鶏手羽の煮物

時間35分 | 冷蔵2〜3日 | 冷凍野菜OK

材料(2人分)

里いも……………小8個(250g)
鶏手羽先…………………6本
しょうが(せん切り)……1/2片分
ごま油………………小さじ1
A | だし汁………………3/4カップ
  | しょうゆ………大さじ1・1/3
  | 酒………………………大さじ1
  | みりん…………………大さじ1
  | 砂糖……………………大さじ1
青ねぎ(小口切り)………適量

作り方

1 里いもは皮をむき、塩(分量外)でもんで洗い流してぬめりを取り、水けをきる。鶏肉は**フォークで数か所刺して穴をあける。**

2 鍋にごま油を中火で熱し、1の鶏肉を皮目から並べ、4分ほど焼き色がつくまで焼く。

3 2の鍋に、1の里いも、しょうが、Aを入れて一度煮立て、弱火にしてふたをし、20分ほど里いもがやわらかくなるまで煮る。**そのまま冷まして**味を染み込ませる。器に盛り、ねぎをちらす。

こっくりやわらか

小8個で

主菜

ごはんにも、おつまみにも、お弁当にも

里いもの肉巻き焼き

時間20分 ｜ 冷凍野菜OK

材料（2人分）
里いも………3個（250g）
豚バラ薄切り肉………150g
薄力粉…………………適量
サラダ油…………小さじ1
A｜しょうゆ………大さじ1
　｜酒………………大さじ1
　｜みりん…………大さじ1
　｜砂糖…………小さじ½
　｜しょうが（すりおろし）
　｜…………………小さじ½

作り方
1 里いもは洗って皮をむき、縦4等分に切る。耐熱皿にのせてふんわりとラップをし、電子レンジで約2分加熱し、上下を返してさらに2分加熱し粗熱をとる。

2 1に豚肉を斜めに巻きつけ、巻き終わりを手で押さえて留め、薄力粉をまぶす。

3 フライパンに油を中火で熱し、**2の巻き終わりを下にして並べ**、途中上下を返しながら5分、肉がこんがりするまで焼く。余分な油をペーパーでふき、**A**を加えて炒め合わせる。

3個で

甘辛味の
ごはん泥棒

主菜

バターしょうゆにマヨネーズという**背徳感**

里いもと豚の
バターしょうゆ炒め

時間20分 ｜ 冷凍野菜OK

材料（2人分）
里いも………3個（250g）
豚肩ロース薄切り肉…150g
オリーブ油………小さじ1
A｜しょうゆ………大さじ1
　｜バター………………5g
　｜コンソメスープの素
　｜（顆粒）……小さじ½
マヨネーズ……………適量
青ねぎ（小口切り）……適量

作り方
1 里いもは皮をむいて5mm厚さの薄切りにし、塩（分量外）でもんで水で洗い流し、水けをしっかりときる。豚肉は4cm幅に切る。

2 フライパンにオリーブ油を中火で熱し、1を入れてふたをし、途中上下を返しながら7分ほど焼いて火を通す。

3 2の**余分な油をふき取り**、**A**を加えて炒め合わせる。器に盛り、マヨネーズをかけ、ねぎをちらす。

3個で

カリカリ！

カラッと！ホクッと！

小**4**個で

主菜 にんにくマヨをディップして召し上がれ！

里いもとさばのから揚げ

時間20分

材料（2〜3人分）

里いも .... **小4個（150g）**
さば（三枚おろし）・1枚（半身分）
塩 .... 少々

A | しょうゆ 大さじ1
　　| 酒 大さじ1
　　| しょうが（すりおろし）
　　| 小さじ1

片栗粉、揚げ油 .... 各適量

B | マヨネーズ 大さじ2
　　| パセリ（みじん切り）
　　| 小さじ1
　　| にんにく（すりおろし）
　　| 小さじ1/2

レモン（くし形切り）............ 適量

作り方

1 里いもは皮をむき、縦2〜4等分に切る。さばは骨を除いて3cm幅に切り、塩をして水けをペーパーでふく。

2 **A**をポリ袋に入れ、**1**を加えて軽くもみ、下味をつける。片栗粉をまぶす。

3 油を170℃に熱し、**2**の里いもは5分ほど、さばは4分ほど火が通るまで揚げる。器に盛り、混ぜ合わせた**B**、レモンを添える。

副菜 冷えた体を温めてくれる
里いもとひき肉の中華スープ

時間25分 | 冷凍野菜OK

材料（2人分）
里いも………… 2個（170g分）
長ねぎ（薄い小口切り）
…………………… 1/4本分
豚ひき肉 …………………… 70g
春雨（カットタイプ）…… 15g
A 水……… 2・1/4カップ
　酒……………… 大さじ1
　鶏がらスープの素（顆粒）
　………………… 小さじ2
　にんにく（すりおろし）
　………………… 小さじ1/2
B しょうゆ ……… 小さじ2/3
　ごま油……… 小さじ1/2
　こしょう ………… 少々

作り方
1 里いもは皮をむいて8mm厚さの半月切りにし、塩（分量外）でもみ、水で洗い流してぬめりを取り、水けをきる。

2 鍋に1、A、長ねぎ、ひき肉を入れて中火で沸騰させ、ふたをして弱火にし、15分ほど里いもがやわらかくなるまで煮る。**途中あくが出てきたら取る。**

3 春雨を加えて混ぜ、Bを加えて2分煮る。器に盛り、お好みでラー油（分量外）をたらす。

じんわりおいしい

2個で

2~3個で

一品でも大満足！

主食 ごちそう炊き込みごはん
里いもとひじきと
鮭の炊き込みごはん

時間60分 | 冷凍野菜OK

材料（3〜4人分、作りやすい分量）
里いも…2〜3個（170〜250g）
米…………………………2合
甘塩鮭…………………2切れ
芽ひじき（乾燥）…………5g
しょうが（せん切り）…1/2片分
A しょうゆ ……… 大さじ2弱
　酒……………… 大さじ1

作り方
1 米は洗って炊飯器に入れ、2合に水加減にし、30分以上吸水させる。

2 里いもは1cm厚さの輪切りにする。芽ひじきは洗って水で15分ほど戻し、水けをきる。

3 1の水を大さじ3捨て、Aを混ぜ、しょうが、2の芽ひじき、里いも、鮭の順にのせて通常モードで炊く。炊きあがったら鮭の骨と皮を除き、さっくりと混ぜる。

アレンジ
鮭の代わりに、鶏ひき肉100gでもおいしい。

151

3
個で

副菜　食べる時には皮をむいて
里いものピザ風焼き

時間20分　冷凍野菜OK

材料(2人分)

里いも……………………… 3個(250g)
ベーコン………………………1/2枚
トマトケチャップ………… 大さじ2
溶けるチーズ ……………………60g
ブラックペッパー …………………適量

作り方

1 里いもは洗って水けをつけたまま
ラップで1個ずつ包み、電子レンジ
で約4分加熱し、上下を返してさらに
3〜4分加熱する。皮をつけたまま縦
半分に切る。

2 ベーコンは5mm幅に切る。

3 1を耐熱皿に並べ、ケチャップ、溶
けるチーズ、2の順にのせて、トース
ターで5分ほど、チーズが溶けるまで
焼く。ブラックペッパーをふる。

3
個で

副菜　しゃきしゃきねっとり! 食感の違いを味わう
里いもと水菜のめんつゆさっと煮

時間15分　冷凍野菜OK

材料(2〜3人分、作りやすい分量)

里いも……………………… 3個(250g)
水菜(4cm長さに切る)……1株分
めんつゆ(ストレート) …… 1カップ
削り節………………………………適量

作り方

1 里いもは皮をむいて1cm厚さの輪切
りにし、塩(分量外)でもみ、水で流
してぬめりを取る。

2 鍋に1の里いも、めんつゆを入れて
中火にかけ、沸騰したらふたをして
弱火で10分ほど里いもがやわらかく
なるまで煮る。

3 2に水菜を加えて中火にし、1分ほど
水菜がしんなりするまで煮る。器に
盛り、削り節をちらす。

3
個で

副菜　ねっとり里いもを焼いて和風チヂミに
里いもと桜えびのぺったんこ焼き

時間20分　冷凍2週間　冷蔵3〜4日　冷凍野菜OK

材料(2人分・作りやすい分量)

里いも……………………… 3個(250g)
A 桜えび…………………………………3g
　青ねぎ(小口切り)……大さじ1
　片栗粉…………………………大さじ1/2
　味噌……………………………小さじ1
サラダ油………………………小さじ1
B 酒………………………………大さじ1
　しょうゆ……………………大さじ1/2
　砂糖…………………………小さじ2/3

作り方

1 里いもは洗って水けがついたまま
ラップで1個ずつ包み、電子レンジで
約4分加熱し、上下を返してさらに3
〜4分加熱する。**熱いうちに**皮をむき、
つぶす。

2 1、Aを混ぜて、小判形に成形する。

3 フライパンに油を中火で熱し、2を両
面焼き色がつくまで焼き、皿に盛る。

4 フライパンにBを入れて中火で煮立
て3にかける。

作り
おき

いかの味わいが里いもにも染みた逸品
里いもといかの煮物

時間30分　冷蔵2〜3日　冷凍野菜OK

材料(2人分)

里いも……………小8個(250g)
するめいか……………………1杯
サラダ油………………小さじ1
A｜だし汁……………1カップ
　｜しょうゆ………大さじ1・1/3
　｜酒……………………大さじ1
　｜みりん………………大さじ1
　｜砂糖…………………大さじ1
　｜しょうが(せん切り)…1/2片分

作り方

1　里いもは皮をむき、塩(分量外)でもみ、洗い流してぬめりを取り、水けをきる。いかは内臓と軟骨を除き、胴は輪切りに、足は食べやすい長さに切る。

2　鍋に油を中火で熱し、1の里いもを入れて1分炒め、Aを加え、一度煮立てていかを加える。弱火にしてふたをし、3分煮たら**いかを取り出す**。15分ほど煮ていかを戻し入れ、**そのまま冷ます**。

小8個で

作り
おき

じんわりやさしいおいしさ
里いもの白煮

時間30分　冷蔵2〜3日　冷凍野菜OK

材料(2人分、作りやすい分量)

里いも…………… 小8個(250g)
A｜だし汁…………1・1/2カップ
　｜みりん、酒………各大さじ1
　｜砂糖…………………小さじ2
　｜しょうゆ……………小さじ1/2
　｜塩……………………小さじ1/3

作り方

1　里いもは皮をむき、塩(分量外)でもんで水で洗い流してぬめりを取り、水けをきる。

2　鍋に1、Aを入れて中火にかけて一度沸騰させ、弱火にして**落としぶたをし**、20分ほど里いもがやわらかくなるまで煮る。そのまま冷ます。

小8個で

作り
おき

里いものとろみを生かした濃厚スープ
里いものポタージュ

時間30分　冷凍2週間　冷蔵2日　冷凍野菜OK

材料(2人分)

里いも………………3個(250g)
A｜玉ねぎ(薄切り)………1/4個分
　｜バター…………………10g
B｜水………………………150ml
　｜コンソメスープの素(固形)
　｜…………………………1個
牛乳……………………180ml
塩、こしょう…………各少々
クルトン(食べる時にのせる)
……………………………適量

作り方

1　里いもは皮をむいて8mm厚さの輪切りにし、塩(分量外)でもみ、水で洗い流してぬめりを取り、水けをきる。

2　鍋にAを入れて中火で3分炒め、1も加えて2分炒める。Bを加えて一度煮立て弱火にしてふたをし、15分煮る。

3　2の粗熱が取れたらフードプロセッサーで攪拌し、鍋に戻して牛乳を加えて混ぜ、**弱火で沸騰直前まで温める**。塩、こしょうで調味する。

3個で

3個で

作りおき

さっぱりした和のサラダ
里いもと梅 & おかかあえ

| 時間15分 | 冷蔵2〜3日 | 冷凍野菜OK |

材料（2人分）

里いも	3個（250g）
みょうが	1個
梅干し	2個
A 削り節	3g
水	小さじ1
しょうゆ	小さじ½

作り方

1 里いもは洗って水けがついたまま
ラップで1個ずつ包み、電子レンジ
で5分ほど加熱し、上下返してさらに
4〜5分加熱する。皮をむき、6〜8
等分に切る。

2 梅干しは種を除いて粗くたたく。みょ
うがは薄い小口切りにし、水にさら
して水けを絞る。

3 1、2をAであえる。

3個で

作りおき

ツナのコクとねっとり里いもがマッチ！
里いものツナマヨサラダ

| 時間15分 | 冷蔵2〜3日 | 冷凍野菜OK |

材料（2人分）

里いも	3個（250g）
ツナ缶	⅔缶（50g）
A マヨネーズ	大さじ1・½
酢	小さじ1
塩	少々
こしょう	少々

作り方

1 里いもは洗って水けがついたまま
ラップで1個ずつ包み、電子レンジ
で5分ほど加熱し、上下返してさらに
4〜5分加熱する。皮をむき、フォー
クで粗くかたまりが残る程度に半つ
ぶしにする。

2 1と汁けをきったツナをAであえる。

（ポイント）

青じそをちぎったものや刻みのりをちらして
もおいしい。

3個で

作りおき

ありそうでなかった組み合わせ！
里いものごま味噌あえ

| 時間15分 | 冷蔵2〜3日 | 冷凍野菜OK |

材料（2人分）

里いも	3個（250g）
かまぼこ	2cm分
A 練り白ごま	大さじ1
味噌	小さじ1
水	小さじ1
しょうゆ、砂糖	各小さじ½

作り方

1 里いもは洗って水けがついたまま
ラップで1個ずつ包み、電子レンジ
で5分ほど加熱し、上下返してさらに
4〜5分加熱する。皮をむき、6〜8
等分に切る。

2 かまぼこは5mm厚さのいちょう切り
にする。

3 1、2を混ぜ合わせたAであえる。

きのこ

野菜データ

- 旬の時期／秋
- 注目の栄養成分／カリウム、ビタミンB₁（えのきだけ）、ビタミンB₂（しいたけ）、ビタミンD（しめじ）、たんぱく質（マッシュルーム）、食物繊維
- 得られる効果／調整作用、免疫力アップ、コレステロール値を下げる効果

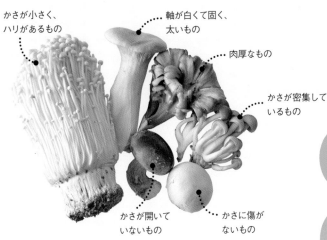

かさが小さく、ハリがあるもの

軸が白くて固く、太いもの

肉厚なもの

かさが密集しているもの

かさが開いていないもの

かさに傷がないもの

そのままでもよし！刻んで混ぜ込むもよし！

さっと使えて便利なきのこ。しいたけやマッシュルームなら**切らずにそのまま**、えのきだけやまいたけなどは、**細かく刻んでひき肉などに混ぜ込む料理に使う**とたっぷり消費できます。また、**いろいろなきのこを組み合わせて**使うのもおすすめです。

保存方法

冷蔵 約1週間（未開封のもの）

未開封のままであれば、そのまま冷蔵庫へ。使いかけの場合は、石突をつけたまま、ペーパーで包んで冷蔵庫で保存しましょう。ただし、ペーパーで包んだものは2〜3日しか保存できないため、早めに食べるようにしてください。

冷凍 約2週間

石突を切り落とし、ほぐしてから冷凍用保存袋に入れ、冷凍庫で保存します。しいたけやマッシュルームは薄切りにして冷凍用保存袋に入れて保存しましょう。いろいろなきのこをいっしょに冷凍用保存袋に入れ、「冷凍きのこミックス」を作っておくと便利です。使うときにはそのまま使えます。

きのこ約**2.1**kgで、こんなにつくれる！

300gで → p162

→ p162

200gで → p157

180gで → p156

160gで → p160

140gで → p159

120gで → p157

→ p158

→ p160

110gで → p162

100gで → p161

90gで → p159

70gで → p160

60gで → p161

50gで → p161

155

甘辛味が
たまらない

180
gで

主菜

きのこにだしをたっぷりふくませて

えのきだけとまいたけ&
牛肉のすき焼き風煮

時間20分 冷凍野菜OK

材料(2人分)

えのきだけ	1パック(100g)
まいたけ	1パック(80g)
長ねぎ	1本
木綿豆腐	2/3丁(200g)
牛ロース薄切り肉	160g

A
だし汁	1/4カップ
しょうゆ	大さじ2・1/2
酒	大さじ2
みりん	大さじ1
砂糖	大さじ1〜
しょうが(すりおろし)	小さじ1/2

作り方

1 えのきだけは根元を切り落とし、まいたけはほぐす。長ねぎは斜め切りにする。豆腐はやっこ型に切る。

2 フライパンに**A**を入れ、中火で沸騰させ、**1のえのきだけ以外を入れて**5分煮る。えのきだけも加え一度煮立てる。火を弱めてふたをし、6分ほど長ねぎに火が通るまで煮る。

3 2のフライパンに少しスペースをあけて**牛肉を一枚ずつ入れ**、肉の色が変わるまで3〜4分煮る。器に盛り、お好みで七味唐辛子(分量外)をかける。

主菜

味つけはマヨポンだけ！

ミックスきのこと豚薄切り肉のマヨポン炒め

時間15分 | 冷凍野菜OK

200
gで

＼ コクがあるのに ／
さっぱり

材料（2人分）

きのこ（しめじ、しいたけ、
　エリンギなどお好みのもの）
　…………………**200g**
豚ロース薄切り肉………150g
サラダ油…………大さじ1/2
A｜ マヨネーズ
　　………………大さじ1・1/2
　｜ ポン酢しょうゆ
　　………………大さじ1・1/2
青ねぎ（小口切り、
　お好みで）…………適量

作り方

1 きのこは石突を除き、ほぐすか食べやすい大きさに切る。豚肉は5cm幅に切る。

2 フライパンに油を中火で熱し、1を6分ほど、すべての材料に火が通るまで炒める。**きのこから水けが出てきたらペーパーで吸い取る。**

3 2のフライパンにAを加えて炒め合わせる。皿に盛り、ねぎをちらす。

主菜

パスタやグラタンなどマルチに使える

きのこたっぷりミートソース

時間30分 | 冷凍2週間 | 冷蔵2〜3日 | 冷凍野菜OK

120
gで

材料（2〜3人分）

マッシュルーム………**4個（40g）**
まいたけ………**1パック（80g）**
合いびき肉…………200g
にんにく………………1片
玉ねぎ………………1/8個
オリーブ油…………大さじ1
A｜ トマト水煮缶…2・1/2カップ
　｜ 水…………………大さじ3
　｜ 赤ワイン（なければ酒）
　　………………大さじ2
　｜ 塩…………………小さじ2/3
　｜ ブラックペッパー……少々
粉チーズ…………大さじ1・1/2

作り方

1 きのこ、にんにく、玉ねぎはそれぞれみじん切りにする。

2 鍋にひき肉を入れて中火で炒め、**油が出てきたらペーパーでふき取る。**

3 2の鍋に、オリーブ油、1を入れて3分ほど炒め、**全体に油がなじんだら**Aを入れて一度煮立てる。ふたをして弱火で20分ほど煮る。火を止め、粉チーズを加えて混ぜる。

＼ きのこのうまみで ／
深い味わいに

主菜

衣をつけた状態で冷凍保存も

しいたけの肉詰めフライ

時間20分 ｜ 冷凍2週間

材料(2人分)

しいたけ ……………… 8枚(120g)

A　豚ひき肉 ……………… 150g

　　玉ねぎ(みじん切り)

　　　……………………… 大さじ2

　　塩 ………………… 小さじ1/6

　　こしょう ……………… 少々

薄力粉、溶き卵、パン粉 … 適量

揚げ油 ………………………… 適量

中濃ソース、レモン …… 各適量

作り方

1 しいたけは石突を除き、**かさの内側に薄力粉をふる。** Aをよく混ぜ合わせ、しいたけに詰めて形を整える。

2 1に薄力粉、溶き卵、パン粉の順にまぶす。

3 170℃に熱した油で、2を5分ほど揚げて火を通す。皿に盛り、中濃ソース、レモンを添える。

1の状態で薄力粉を薄くまぶし、フライパンで焼いてもOK。しょうゆ、砂糖、みりんなどの甘辛味で煮絡めてもおいしい。

120
gで

しいたけの
うまみがジュワ〜

.

主食
きのこのうまみがふんだんに
きのこと鶏ひき肉の炊き込みごはん

時間60分　冷凍2週間　冷凍野菜OK

材料（3〜4人分、作りやすい分量）
しめじ ……… ½パック（50g）
まいたけ …… ½パック（40g）
米 …………………… 2合
鶏むねひき肉 …………… 80g
にんじん ……………… ¼本
しょうが ……………… ⅓片
A｜しょうゆ ……… 大さじ2
　｜酒 …………… 大さじ1
　｜ごま油 ……… 小さじ½

作り方
1 米は洗って炊飯器に入れ、2合に水加減し、30分以上吸水させる。
2 きのこは石突を除いてほぐす。しょうがはせん切り、にんじんは2cm長さの細切りにする。
3 1の水を大さじ3捨て、Aを入れて混ぜ、2、鶏ひき肉をほぐしてのせ、通常モードか炊き込みごはんモードで炊く。炊きあがったらさっくりと混ぜる。

90gで

秋の訪れを感じて

作りおき
ごはんやペンネとともに
ハッシュドビーフ

時間30分　冷凍2週間　冷蔵2〜3日　冷凍野菜OK

材料（2人分）
マッシュルーム …4個（40g）
しめじ ……… 1パック（100g）
牛切り落とし肉 ………… 160g
玉ねぎ（薄切り）……… ⅓個分
にんにく（みじん切り）…1片分
バター …………………… 10g
A｜デミグラスソース缶
　｜ …………… ½缶（150g）
　｜トマト水煮缶…⅓カップ
　｜水 …………… ¼カップ
　｜赤ワイン …… 大さじ2
　｜しょうゆ …… 小さじ1
　｜コンソメスープの素
　｜（顆粒）……小さじ½

作り方
1 マッシュルームは薄切りにする。しめじは石突を除いてほぐす。牛肉は4cm幅に切る。
2 鍋にバター、玉ねぎ、にんにくを入れて中火で4分炒める。さらに1を加えて3分炒める。
3 2の鍋にA、塩、こしょう少々（ともに分量外）を加えて一度煮立て、ふたをして弱火で約15分、途中時々混ぜながら煮る。

140gで

濃厚〜

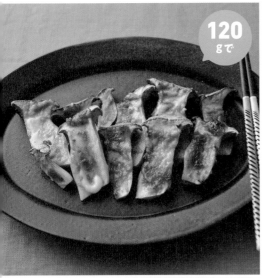

 120
gで

副菜 エリンギのコリコリ食感がくせになる
エリンギの味噌マヨトースター焼き

時間15分

材料(2人分)
エリンギ‥‥‥‥‥‥‥‥**3本(120g)**
味噌‥‥‥‥‥‥‥‥‥‥‥小さじ2
マヨネーズ‥‥‥‥‥‥‥‥大さじ1

作り方
1 エリンギは縦に8mm厚さに切り、ホイルに並べる。
2 1に**味噌、マヨネーズの順**にぬる。
3 2をトースターで7分ほど、マヨネーズに焦げ目がつくまで焼く。

(アレンジ)
味噌の代わりにトマトケチャップ、ドライハーブミックスをふると洋風の味つけに。

 160
gで

副菜 食べるときに粉チーズをかけても
こんがり焼ききのこのサラダ

時間20分 | 冷凍野菜OK

材料(2人分)
マッシュルーム‥‥‥‥**4個(40g)**
エリンギ‥‥‥‥‥‥‥‥**3本(120g)**
ベビーリーフ、レタスなど‥‥‥80g
オリーブ油‥‥‥‥‥‥‥‥大さじ1
塩、ブラックペッパー‥‥‥‥各適量
A 玉ねぎ(すりおろし)
　‥‥‥‥‥‥‥‥‥‥大さじ1・1/2
　オリーブ油、酢‥‥各大さじ1
　しょうゆ、砂糖‥‥各小さじ1/2
　塩‥‥‥‥‥‥‥‥‥‥小さじ1/6

作り方
1 マッシュルームは石突を除いて半分に、エリンギは縦4〜8等分に切る。フライパンにオリーブ油を中火で熱し、6分ほど上下を返しながら焼く。塩、ブラックペッパーをふる。
2 葉野菜は食べやすい大きさにちぎって冷水にひたし、水けをしっかりきって器に盛る。
3 2に1をのせ、混ぜ合わせたAをかける。

 70
gで

副菜 わさびは食べる直前にお好みの量を溶き入れて
きのこのわさび風味スープ

時間20分 | 冷凍野菜OK

材料(2〜3人分)
えのきだけ‥‥‥‥2/3パック(70g)
卵‥‥‥‥‥‥‥‥‥‥‥‥‥‥1個
A だし汁‥‥‥‥‥‥‥‥‥350ml
　しょうゆ‥‥‥‥‥‥‥小さじ1
　しょうが(すりおろし)
　‥‥‥‥‥‥‥‥‥‥‥小さじ1/2
練りわさび‥‥‥‥‥‥‥小さじ1/4

作り方
1 えのきだけは根元を切り落とし、長さを半分に切る。卵は溶きほぐす。
2 鍋にAを中火で煮立て、1のえのきだけを入れて3分ほど煮る。
3 2の鍋に1の卵を回し入れ、**ふんわりと卵が浮いてきたらひと混ぜして火を止め、わさびを入れる**。器に盛り、お好みでわさび(分量外)をのせる。

ほかのきのこや、えび・たこを入れても!
副菜 マッシュルームだけアヒージョ

時間15分

100 gで

材料(2人分)

マッシュルーム
　……………8～10個(80～100g)
にんにく ………………………1片
A｜オリーブ油………………⅓カップ
　｜塩 …………………………小さじ⅔
　｜赤唐辛子(種を除く)……½本
　｜ブラックペッパー ………少々
パセリ(みじん切り)…………適量

作り方

1 マッシュルームは石突を除き、大きければ半分に切る。にんにくはみじん切りにする。

2 小さめのフライパンまたは鍋に1のにんにく、Aを入れて弱火にかけ、**香りがして温まってきたら**マッシュルームを加える。時々上下を返しながら、8分ほど煮て火を通す。パセリをちらす。

なかからおいしいお宝が!
作りおき 刻みきのことひき肉入り油揚げの宝煮

時間20分　冷凍2週間　冷蔵2～3日　冷凍野菜OK

60 gで

材料(2人分)

しいたけ …………………4枚(60g)
油揚げ……………………………2枚
鶏ももひき肉 ……………………100g
しょうが(すりおろし)…小さじ⅓
A｜めんつゆ(2倍濃縮)……¼カップ
　｜水 …………………………¼カップ

作り方

1 油揚げは**上から菜箸を転がし、半分に切って開く。**熱湯を回しかけ、さっと水で冷やして水けを軽く絞る。

2 しいたけは石突を除いて8mm角程度に刻み、鶏ひき肉、しょうがと一緒に練り混ぜる。4等分にし、1に詰め、口を折りたたんで爪楊枝で留める。

3 耐熱ボウルにAを入れて2を並べ、ふんわりとラップをして電子レンジで約5分、**途中上下を返して**加熱する。

しょうゆやからしをつけてどうぞ
作りおき 刻みきのこ入りシュウマイ

時間30分　冷凍2週間　冷蔵2～3日　冷凍野菜OK

50 gで

材料(2人分、12個分)

えのきだけ ……… ½パック(50g)
豚ひき肉………………………200g
A｜片栗粉……………………大さじ½
　｜しょうゆ …………………小さじ2
　｜ごま油……………………小さじ½
　｜しょうが(すりおろし)
　｜　　　　　　　　　　小さじ½
　｜塩 …………………………ひとつまみ
シュウマイの皮 ………………12枚

作り方

1 えのきだけは根元を切り落とし、粗みじん切りにする。ボウルにひき肉、えのきだけ、Aを加えてよく練り混ぜ、12等分にして丸める。

2 1をシュウマイの皮で包む。

3 蒸気が上がった蒸し器に、オーブンシートを敷き、2を入れて約12分強火で蒸す。

 ごはんのおともに

ミックスきのこのしょうゆ漬け

作りおき

| 時間10分 | 冷凍2週間 | 冷蔵3〜4日 | 冷凍野菜OK |

材料(2人分)

お好みのきのこ(まいたけ、しめじ、
　エリンギなど) ……………… **300g**

A | しょうゆ ………… 大さじ1・1/2
　| みりん ………………… 小さじ2
　| ごま油 ………………… 小さじ1
　| 赤唐辛子(輪切り)
　| ………………………… ひとつまみ

作り方

1 しめじは石突を除いてほぐす。まい
　たけはほぐす。エリンギは長さを半
　分にして、縦4〜6等分に切る。

2 耐熱容器に1を入れて、ふんわりと
　ラップをし、電子レンジで4分ほど加
　熱する。

3 2の**水けをしっかりきり**、Aに漬ける。

 ごまの風味と酢の酸味で味わう

きのことちくわのごま酢あえ

作りおき

| 時間15分 | 冷蔵2〜3日 |

材料(2人分)

しいたけ …………… **4枚(60g)**
しめじ ……… **1/2パック(50g)**
生ちくわ ………………… 1/2本

A | すり白ごま ……… 大さじ1・1/2
　| 酢 ………………… 大さじ1/2
　| 砂糖 ……………… 大さじ1/2
　| しょうゆ ………… 小さじ1/2
　| 塩 …………………… 少々

作り方

1 しいたけは石突を除いて5mm幅に切
　る。しめじは石突を除いてほぐす。ア
　ルミホイルにのせて、トースターで5
　分ほど**しんなりするまで焼き**、火を
　通す。

2 ちくわは5mm幅に切る。

3 1、2をAであえる。

 カレー香る、食欲そそる味わい

きのこのカレー風味
ガーリックバターソテー

作りおき

| 時間10分 | 冷凍2週間 | 冷蔵2〜3日 | 冷凍野菜OK |

材料(2人分)

お好みのきのこ(エリンギ、
　しめじ、まいたけなど) …… **300g**
にんにく ………………………… 1片
バター ………………………… 10g

A | バター ………………………… 3g
　| 塩 ……………………… 小さじ1/3
　| カレー粉 ……………… 小さじ1/3

作り方

1 きのこは食べやすい大きさにほぐす
　か切る。にんにくはみじん切りにする。

2 フライパンにバターを中火で熱し、1
　を加えて6分ほど、きのこに焼き色が
　ついてしんなりするまで炒める。**き
　のこから水分が出てきたらペーパー
　で吸い取る。**

3 2にAを加えて味を調える。

もやし

野菜
データ

● 旬の時期／通年
● 注目の栄養成分／カリウム、ビタミンC、食物繊維
● 得られる効果／血中コレステロールの低下、
　動脈硬化予防、整腸作用

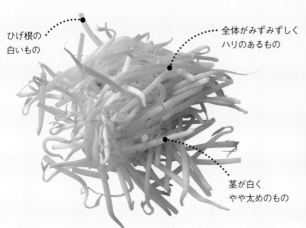

ひげ根の
白いもの

全体がみずみずしく
ハリのあるもの

茎が白く
やや太めのもの

もやし 約**13**袋で、
こんなにつくれる！

1袋で
➡ p164

➡ p165

➡ p166

➡ p167

➡ p167

➡ p168

➡ p168

➡ p169

➡ p170

➡ p170

➡ p170

1/2袋で
➡ p165

➡ p168

➡ p169

➡ p169

どんな味つけにも合うからアレンジ自在

　もやしはコストパフォーマンスに優れ、汎用性の高い野菜です。料理のかさ増しや炭水化物をもやしに置きかえたりすれば、ヘルシー料理に早変わり！　**どんな味つけにもよく合い、主役にも脇役にもなる**ので、いろいろな料理に使って消費しましょう。

保存方法

冷蔵　約**1**週間

購入した袋のまま、冷蔵庫で保存します。使いかけのものは保存袋に入れて、密封して冷蔵庫で保存し、できるだけ早めに使うようにしましょう。

冷凍　約**1**か月

もやしは冷凍保存も可能です。使いかけの場合は、もやしを洗って水けをしっかりきり、冷凍用保存袋に入れて冷凍庫で保存しましょう。開封していないものは、購入した袋のまま保存します。冷凍したもやしは、凍ったまま汁物などに利用するか、電子レンジで解凍して使いましょう。

主菜 | さまざまな白い食材を使って

もやしと鶏もも肉＆ねぎのクリーム炒め

時間20分 | 冷凍野菜OK

材料（2人分）

もやし ……………………1袋（200g）
鶏もも肉 ………………………1枚
長ねぎ（斜め薄切り）……1/3本分
塩、こしょう ………………各適量
薄力粉 …………………大さじ1
オリーブ油 ……………大さじ1/2

A | 牛乳、生クリーム …各70mℓ
コンソメスープの素（顆粒）
…………………小さじ1
塩 ……………………少々
ブラックペッパー …………適量

作り方

1 鶏肉は5cm四方に切り、塩、こしょうを強めにし、薄力粉をまぶす。

2 フライパンにオリーブ油を中火で熱し、1の鶏肉を皮目から入れて並べ、長ねぎもあいているところに入れる。ふたをして約8分、途中上下を返しながら焼く。

3 2のフライパンにもやしを加えて2分炒め、Aを加えて軽く混ぜながら3分ほど煮る。器に盛り、ブラックペッパーをふる。

1袋で

もやしで
ボリューミー

主菜 コリアンな炒め物
もやしと牛薄切り肉の焼き肉のたれ炒め

時間15分　冷凍野菜OK

材料 (2人分)
もやし ……………1袋 (200g)
牛ロース薄切り肉……… 150g
にら …………………… ½把
ごま油 ……………… 大さじ½
A｜焼き肉のたれ … 大さじ2
　｜コチュジャン…大さじ½
　｜片栗粉 ………… 小さじ1
　｜塩………………… 少々
糸唐辛子 (あれば) …… 適量

作り方
1 牛肉、にらは5cm長さに切る。

2 フライパンにごま油を熱し、1の牛肉を4分ほど色が変わるまで炒める。

3 2のフライパンにもやし、1のにらを加えて**手早く炒め合わせ**、Aを加えてさらに炒め合わせる。皿に盛り、あれば糸唐辛子をのせる。

シャキシャキ！

副菜 やさしい味わいの中華スープ
もやしと肉団子の春雨スープ

時間20分　冷凍野菜OK

材料 (2人分)
もやし ……………½袋 (100g)
春雨 (カットタイプ) …………20g
A｜豚ひき肉 ……………… 150g
　｜長ねぎ (みじん切り)…5cm分
　｜しょうが (すりおろし)
　｜…………… 小さじ⅓
　｜塩、こしょう ……… 各少々
B｜水………………… 2カップ
　｜酒…………………… 大さじ1
　｜鶏がらスープの素 (顆粒)、
　｜オイスターソース
　｜…………… 各大さじ½
　｜にんにく (すりおろし)
　｜…………… 小さじ½

作り方
1 Aを練り混ぜ、一口大に丸める。

2 鍋にBを中火で沸騰させ、1を入れて4分ほど煮る。**あくが出れば取る。**

3 2の鍋にもやし、春雨を入れ2分煮る。器に盛り、ラー油、青ねぎの小口切り (ともに分量外)をちらす。

じんわりおいしい

パリシャキ！

1袋で

主菜 もやししゃっきり！ しそでさっぱり！
もやしとツナの春巻き

時間20分　冷凍野菜OK

材料（2人分）
もやし……………**1袋（200g）**
春巻きの皮……………6枚
ツナ缶……………1缶（75g）
塩……………少々
青じそ……………6枚
A ┃ 薄力粉……………大さじ1・1/2
　　┃ 水……………小さじ1
揚げ油……………適量
しょうゆ、酢、練りがらし
……………各適量

作り方
1　もやしは沸騰した湯で2分ほどゆで、ざるにあげ、粗熱が取れたら水けをしっかりと絞る。ボウルにもやし、汁けをきったツナ、塩を入れてあえる。

2　春巻きの皮に青じそをのせ、その上に1を1/6量のせて折りたたみながらしっかりと巻く。**巻き終わりをAで留める**。同様に残り5本作る。

3　170℃に熱した油で2を表面に焼き色がつくまで揚げる。器に盛り、しょうゆ、酢、からしを添える。

ポイント

春巻きの皮で具を包むときには、皮の中心よりやや手前に具を置き、折りたたむようにして包みます。

／ 超絶濃厚〜 ／

| 主食 |

めんの代わりに半分もやし！第1弾
半分もやしのカルボナーラ

時間20分 | 冷凍野菜OK

材料(2人分)

もやし ……………… **1袋(200g)**
スパゲティ ……………… 100g
にんにく ……………………… 1片
ベーコン ……………………… 2枚
オリーブ油 ………… 大さじ1
白ワイン ……………… 大さじ2
A｜卵 …………………………… 2個
　｜生クリーム ……… 1/3カップ
　｜粉チーズ …… 大さじ2・1/2
　｜コンソメスープの素(顆粒)
　｜ ………………………… 小さじ1/2
　｜塩、ブラックペッパー
　｜ ………………………………… 各少々

作り方

1 にんにくはみじん切りにし、ベーコンは1cm幅に切る。

2 フライパンにオリーブ油を中火で熱し、1、もやしを入れて3分ほど炒め、白ワインを加えて火を止める。Aを大きめのボウルに混ぜ合わせる。

3 スパゲティは塩(分量外)を入れた湯で表示通りゆでる。

4 2と3をAのボウルに入れて**手早く混ぜる**。器に盛り、お好みでブラックペッパー(分量外)をかける。

／ ヘルシー！ ／

| 主食 |

めんの代わりに半分もやし！第2弾
半分もやしのナポリタン

時間15分 | 冷凍野菜OK

材料(2人分)

もやし ……………… **1袋(200g)**
スパゲティ ……………… 100g
玉ねぎ(薄切り) ……… 1/4個分
ウィンナー(斜め切り) ‥ 4本分
ピーマン(4mm幅の輪切り)
 ………………………………… 1個分
オリーブ油 ……… 大さじ1・1/2
A｜トマトケチャップ
　｜ ………………………… 1/3カップ
　｜ウスターソース、コンソメ
　｜スープの素(顆粒)
　｜ ………………………… 各小さじ1
　｜塩、こしょう ……… 各少々

作り方

1 フライパンにオリーブ油の半量を中火で熱し、玉ねぎ、ウィンナーを入れて3分ほど炒める。もやし、ピーマンを加えてさらに2分炒める。Aを加えて混ぜ、火を止める。

2 スパゲティは塩(分量外)を入れた湯で表示通りゆで、オリーブ油の残りをまぶす。

3 1のフライパンに2を入れ、中火で**手早く30秒ほど炒める**。器に盛り、粉チーズ(分量外)をかける。

主菜 ごはんにのせても！
もやしと鶏ひき肉の卵とじ

時間10分 冷凍野菜OK

材料(2人分)

もやし ……………………… 1袋(200g)
鶏むねひき肉 ………………………… 100g
卵 ………………………………… 2〜3個
A│ だし汁 ………………………… 150mℓ
 │ みりん ……………………… 大さじ1/2
 │ しょうゆ ……………………… 小さじ2
 │ 砂糖 ………………………… 小さじ1
 │ しょうが(すりおろし)… 小さじ1/2
青ねぎ(小口切り)………………… 適量

作り方

1 フライパンにAを入れて中火で煮立て、ひき肉を加えて軽くほぐし、3分ほど煮て火を通す。

2 1のフライパンにもやしを入れ、1分煮る。

3 2のフライパンに溶いた卵を回し入れる。**ふたをして卵が半熟になるまで1分半ほど煮る。火を止めて好みの固さまで蒸らす。**器に盛り、ねぎをちらす。

主菜 お財布にやさしいメニュー
もやしとかにかまのあんかけ風炒め

時間10分 冷凍野菜OK

材料(2人分)

もやし ……………………… 1袋(200g)
かに風味かまぼこ ………………………… 4本
ごま油 ……………………………… 大さじ1/2
A│ 水 …………………………… 1/3カップ
 │ しょうゆ、砂糖、酢…各大さじ1
 │ 片栗粉 ……………………… 小さじ1
 │ (少量の水で溶く)
 │ 鶏がらスープの素(顆粒)
 │ ……………………………… 小さじ1/2
青ねぎ(小口切り)………………… 適量

作り方

1 フライパンにごま油を中火で熱し、もやし、軽くほぐしたかに風味かまぼこの順に加えて**1〜2分さっと炒める。**皿に盛る。

2 フライパンにAを入れ、中火で混ぜながら煮てとろみをつける。1にかけてねぎをちらす。

副菜 もやしのシャキシャキ感が楽しい
もやしとちくわの味噌汁

時間10分 冷凍野菜OK

材料(2〜3人分)

もやし ……………………… 1/2袋(100g)
ちくわ ……………………………………… 1本
だし汁 ……………………………… 350mℓ
味噌 ……………………………… 大さじ1・1/2

作り方

1 ちくわは8mm幅の輪切りにする。

2 鍋にだし汁を入れて中火で沸騰させ、もやし、1を入れる。2分ほど煮て味噌を溶き入れる。

大豆もやしのコリコリ食感を煮物で味わう
もやしとがんも & にんじんの煮物

作りおき

時間15分 | 冷蔵2～3日 | 冷凍野菜OK

材料(2人分)
大豆もやし ………… 1袋(200g)
にんじん ……………………1/3本
がんも ………………………4個
A だし汁 ………………150mℓ
　 しょうゆ ………大さじ1・1/2
　 みりん、酒………各大さじ1
　 砂糖 ………………大さじ1/2
　 しょうが(すりおろし) …小さじ1/2

作り方
1 にんじんは5mm厚さの輪切りにする。がんもは熱湯を回しかけて油抜きする。
2 鍋にA、1を入れて中火にかけ、一度煮立て、弱火にして**ふたをし**、4分ほど煮る。
3 2の鍋にもやしを加えて5分ほど煮る。

もやしでヘルシー
もやし入りつくねバーグ

作りおき

時間20分 | 冷凍2週間 | 冷蔵2～3日

材料(2人分)
もやし ……………… 1/2袋(100g)
鶏ひき肉(もも) ……………200g
A パン粉………………大さじ2
　 酒…………………小さじ1
　 しょうが(すりおろし) ··小さじ1/2
　 塩…………………小さじ1/4
B しょうゆ ………大さじ1・1/2
　 みりん …………………大さじ1
　 砂糖 …………………小さじ1

作り方
1 もやしは1～2cm長さになるようにざく切りにする。
2 鶏ひき肉、1、Aを練り混ぜ、6等分にする。手に少量の油(分量外)をつけ、小判型にまとめる。
3 フライパンにサラダ油小さじ1(分量外)をひき、2を並べる。中火にかけてふたをし、6分ほど途中上下を返して焼き火を通す。**余分な油をペーパーでふき取り、B**を加えて煮からめる。

子どもも喜ぶカレーマヨ味
もやしの豚巻き、カレーマヨ炒め

作りおき

時間20分 | 冷蔵2～3日

材料(2人分)
もやし ……………… 1/2袋(100g)
豚もも薄切り肉………6枚(200g)
塩 ……………………………少々
薄力粉 ………………………適量
オリーブ油……………大さじ1/2
A マヨネーズ ……大さじ1・1/2
　 酒 …………………………大さじ1
　 しょうゆ ……………小さじ1/2
　 カレー粉……………小さじ1/2

作り方
1 豚肉を広げ、手前にもやしを1/6量ずつのせて端から巻き、**巻き終わりをしっかりと手で押さえる。**塩、薄力粉をまぶす。
2 フライパンにオリーブ油を中火で熱し、**1の巻き終わりを下にして入れ、**ふたをして途中時々転がしながら8～10分焼いて火を通す。余分な油をペーパーで吸い取り、混ぜ合わせたAを加えて炒め合わせる。

 1袋で

作りおき

あと一品に最適
もやしのたらこマヨあえ

時間10分 | 冷蔵2〜3日 | 冷凍野菜OK

材料(2人分)

もやし ······················ 1袋(200g)
青じそ ·································· 5枚
たらこ ······························· 30g
A マヨネーズ ················· 大さじ2
　 しょうゆ ················ 小さじ1/3
　 塩 ································· 少々

作り方

1 もやしは沸騰した湯で2分ほどゆでて**水けをしっかりときる。**

2 青じそはせん切りにして水にさっとさらし、ペーパーに包んで水けを絞る。たらこは薄皮から身を出す。

3 1、2を**A**であえる。

1袋で

作りおき

大豆もやしで本格ナムル
もやしのナムル

時間7分 | 冷蔵2〜3日 | 冷凍野菜OK

材料(2〜3分、作りやすい分量)

大豆もやし ·············· 1袋(200g)
A ごま油 ·············· 大さじ1・1/2
　 いり白ごま ············· 小さじ1
　 鶏がらスープの素(顆粒)
　 ································ 小さじ2/3
　 にんにく(すりおろし)
　 ································ 小さじ1/2
　 塩、こしょう ··········· 各少々
韓国のり ······························ 適量

作り方

1 大豆もやしは沸騰した湯で5分ほどゆで、ざるにあげる。

2 1を**A**であえる。食べる直前にちぎった韓国のりをのせる。

(ポイント)
韓国のりがない時は、焼きのりでもOK。

 1袋で

作りおき

にんにく風味のごまだれが美味!
もやしとささみのごまだれあえ

時間15分 | 冷蔵3〜4日 | 冷凍野菜OK

材料(2人分)

もやし ······················ 1袋(200g)
鶏ささみ ······························ 1本
A 練り白ごま ········ 大さじ1・1/2
　 砂糖 ··················· 大さじ1/2
　 しょうゆ ·········· 大さじ1・1/3
　 にんにく(すりおろし)
　 ································ 小さじ1/2
　 酢 ······················ 大さじ1
　 ごま油 ················· 小さじ1
　 ラー油 ·············· 小さじ1/3

作り方

1 もやしは沸騰した湯で2分ゆで、ざるにあげ、粗熱を取る。

2 ささみは耐熱皿にのせ、酒大さじ1、塩、こしょう各適量(すべて分量外)をかけてふんわりとラップをし、途中上下を返して約2分半加熱して火を通す。粗熱が取れたらさく。

3 **A**を上から混ぜ合わせ、1、2をあえる。**汁けを軽くきって保存する。**

素材別さくいん

※野菜でメインの食材として使っている場合は、料理名を省略し、「メイン食材として使用」としてページをまとめて記載しています。

肉

合いびき肉
重ねロールキャベツ風 ················ 11
キャベツたっぷりメンチカツ ·········· 12
白菜のはさみ蒸し ···················· 25
大根カレー ·························· 34
玉ねぎの肉詰め煮 ···················· 40
にんじんハンバーグ ·················· 64
なすとひき肉のミートグラタン ········ 89
なすのキーマカレー ·················· 90
ピーマンの肉詰めチーズバーグ煮込み ··· 96
ブロッコリーとゆで卵入りミートローフ ··· 106
じゃがいもと合いびき肉のカレー風味炒め ··· 127
きのこたっぷりミートソース ········· 157

牛肉
白菜と牛薄切り肉＆たけのこのオイスターソース炒め ··· 23
玉ねぎたっぷり牛丼の具 ·············· 46
きゅうりと焼き肉＆キムチあえ ········ 71
牛肉とトマトの赤ワイン煮 ············ 80
なすと牛肉のピリ辛オイスターソース炒め ··· 89
ほうれん草と牛肉の豆板醤炒め ········ 113
肉じゃが ··························· 128
えのきだけとまいたけ＆牛肉のすき焼き風煮 ··· 156
ハッシュドビーフ ··················· 159
もやしと牛薄切り肉の焼き肉のたれ炒め ··· 165

鶏肉
骨つき鶏とキャベツたっぷりポトフ ···· 12
チーズタッカルビ風鶏とキャベツのキムチ炒め ··· 13
味噌クリームロール白菜 ·············· 23
白菜のごま豆乳鍋 ···················· 24
ねぎと鶏の香味蒸し煮 ················ 48
にんじんと鶏ひき肉の柚子こしょう炒め ··· 63
たっぷりきゅうりのよだれ鶏 ·········· 73
トマトたっぷりトマト鍋 ·············· 78
トマトとささみの冷製スープ ·········· 83
なすの丸ごと肉詰めレンジ蒸し ········ 87
なすとささみの煮物 ·················· 92
焼きピーマンの和風スープ ············ 99
とうもろこしと手羽元の照り煮 ········ 121
コーンのケチャップライス ··········· 122
コーンとささみとくずし豆腐の柚子こしょう風味スープ ··· 123
かぼちゃと鶏もも肉の酢どり ········· 134
かぼちゃとささみの豆乳シチュー ····· 138
里いもと鶏手羽の煮物 ··············· 148
きのこと鶏ひき肉の炊き込みごはん ··· 159
刻みきのことひき肉入り油揚げの宝煮 ··· 161
もやしと鶏もも肉＆ねぎのクリーム炒め ··· 164
もやしと鶏ひき肉の卵とじ ··········· 168
もやし入りつくねバーグ ············· 169
もやしとささみのごまだれあえ ······· 170

豚肉
ホイコーロー ······················· 10
くし形焼きキャベツの肉みそがけ ······ 11
キャベツの巻きとんかつ ·············· 13
キャベツたっぷりお好み焼き ·········· 14

マーボー白菜 ······················· 20
白菜餃子 ··························· 21
白菜のミルフィーユ鍋 ··············· 22
豚バラ大根の煮物 ··················· 30
ピーラー大根鍋 ····················· 32
豚バラミルフィーユのレンジ蒸し ····· 32
大根餃子 ··························· 33
ふろふき大根肉味噌のせ ············· 34
大根と豚の塩スープ ················· 37
玉ねぎの肉巻き焼き ················· 41
豚ねぎキムチ炒め ··················· 49
長ねぎたっぷりチゲ鍋風 ·············· 51
ねぎ＆にんにく焼きそば ············· 52
ねぎと豚ひき肉炒め ················· 53
レタスのひき肉味噌のせ ············· 56
カリカリ豚とレタスのさっと炒め ····· 57
カリカリ豚ときゅうりの玉ねぎドレッシングあえ ··· 70
きゅうりチャンプルー ··············· 71
ヤムウンセン風エスニックサラダ ····· 74
なすの豚巻き天ぷら ················· 87
なすのひき肉はさみ揚げフライ ······· 88
なすとひき肉の豆乳担担麺風スープ ··· 90
マーボーなす ······················· 92
なすとしその肉巻きにんにく味噌照り ··· 92
ピーマンと薄切り肉の酢豚 ··········· 98
ブロッコリーのひき肉そぼろあんかけ ··· 104
ブロッコリーと豚バラのキムチ炒め ··· 105
ほうれん草入りゆで餃子 ············· 112
ほうれん草と豚の常夜鍋 ············· 113
ほうれん草たっぷりしょうが焼き ····· 114
ポパイチャーハン ··················· 115
ほうれん草入りカレースープ ········· 117
豚ととうもろこしのバーベキュー風オーブン焼き ··· 120
スコップコロッケ ··················· 126
かぼちゃと豚バラ薄切り肉のバターしょうゆ炒め ··· 136
さつまいもと豚こまの焼き酢豚 ······· 142
里いもの肉巻き焼き ················· 149
里いもと豚のバターしょうゆ炒め ····· 149
里いもとひき肉の中華スープ ········· 151
ミックスきのこ豚薄切り肉のマヨポン炒め ··· 157
しいたけの肉詰めフライ ············· 158
刻みきのこ入りシュウマイ ··········· 161
もやしと肉団子の春雨スープ ········· 165
もやしの豚巻き、カレーマヨ炒め ····· 169

肉加工品

ウインナー
キャベツとウィンナーのクリーム煮 ···· 15
玉ねぎとウィンナーのケチャップ炒め ··· 43
トマトたっぷりトマト鍋 ············· 78
刻みブロッコリー入り緑のポテトサラダ ··· 109
ほうれん草入りキッシュ ············· 116
ジャーマンポテト ··················· 132
半分もやしのナポリタン ············· 167

コンビーフ
ほうれん草とコンビーフ炒め ········· 117

サラダチキン
レタスのチョップドサラダ ··········· 60

生ハム・ハム
キャベツのフレンチサラダ ··········· 17
白菜とハムのグラタン ··············· 21
白菜と生ハムのマリネ ··············· 27
薄切り焼きなすのマリネ ············· 94
パプリカの生ハム巻き ··············· 100
ブロッコリーとハムのマカロニサラダ ··· 109
ほうれん草のココット ··············· 117

ベーコン
キャベツとあさり＆ベーコンのフライパンオリーブ蒸し ··· 14
白菜とベーコンのコンソメ煮 ········· 27
丸ごと玉ねぎのスープ ··············· 46
長ねぎベーコンの餅グラタン ········· 51
長ねぎのミルクスープ ··············· 53
にんじんステーキカリカリベーコンのせ ··· 62
にんじんとベーコンのスパニッシュオムレツ ··· 63
豆と野菜のミネストローネスープ ····· 83
ピーマンとベーコンのアンチョビチーズソテー ··· 101
シーザーサラダ ····················· 116
コーンたっぷりピザ ················· 122
じゃがいものクリームチーズ入りサラダ ··· 131
かぼちゃニョッキ ··················· 137
かぼちゃのペペロンチーノ風炒め ····· 138
チョップドさつまいものバターしょうゆ炒め ··· 143
里いものピザ風焼き ················· 152
半分もやしのカルボナーラ ··········· 167

焼き豚（市販）
白菜と焼き豚＆卵炒め ··············· 25
レタスチャーハン ··················· 58

魚介

あさり
キャベツとあさり＆ベーコンのフライパンオリーブ蒸し ··· 14
長ねぎたっぷりチゲ鍋風 ·············· 51
あさりとねぎの中華スープ ··········· 52
レタスとあさりのさっと煮 ··········· 57

いか
いかとトマトのガーリック炒め ······· 79
里いもといかの煮物 ················· 153

えび
ヤムウンセン風エスニックサラダ ····· 74
トマトとアボカドのえびマヨサラダ ··· 84
ブロッコリーとえびのマヨネーズサラダ ··· 109
ほうれん草とえびのガーリック炒め ··· 114
かぼちゃえびのガーリックパン粉焼き ··· 135

かつお
きゅうりとかつおの手ごね寿司 ······· 72

鮭
焼きねぎと鮭の南蛮漬け ············· 49
パプリカと鮭の甘酢炒め ············· 97

コーンと鮭のコンソメバター炒め・・・・・・・・ 121
里いもとひじきと鮭の炊き込みごはん・・・・・・ 151

さば
せん切りにんじんと塩さばのレモンマリネ・・・ 67
なすとさばのおろしあえ・・・・・・・・・・・・ 86
里いもとさばのから揚げ・・・・・・・・・・・・ 150

シーフードミックス
白菜とシーフードミックスの八宝菜・・・・・・・ 24
玉ねぎ＆シーフードミックスと
　　シャンサイのエスニックサラダ・・・・・・・ 44

たこ
ねぎとたこの酢味噌あえ・・・・・・・・・・・・ 54

ぶり
ぶり大根・・・・・・・・・・・・・・・・・・・ 31

まぐろ
きゅうりとまぐろのコチュジャンあえ・・・・・・ 74
焼きなすとまぐろのタルタル風・・・・・・・・・ 91

鯛
鯛のねぎのせ熱々ごま油かけ・・・・・・・・・・ 50
真鯛とレタスのカルパッチョ風サラダ・・・・・・ 59

魚加工品・海藻類

青のり
キャベツたっぷりお好み焼き・・・・・・・・・・ 14
さつまいもの青のりバターあえ・・・・・・・・・ 146

アンチョビフィレ
焼きなすとまぐろのタルタル風・・・・・・・・・ 91
ピーマンとベーコンのアンチョビチーズソテー・・ 101
シーザーサラダ・・・・・・・・・・・・・・・・ 116

いかの燻製
きゅうりとイカの燻製のマリネサラダ・・・・・・ 75

かに風味かまぼこ
玉ねぎ＆かにかまの卵炒め・・・・・・・・・・・ 43
レタスとわかめ、かにかまの酢の物・・・・・・・ 60
もやしとかにかまのあんかけ風炒め・・・・・・・ 168

かまぼこ
里いものごま味噌あえ・・・・・・・・・・・・・ 154

韓国のり
レタスのキムチのせ韓国風サラダ・・・・・・・・ 59
もやしのナムル・・・・・・・・・・・・・・・・ 170

魚肉ソーセージ
魚肉ソーセージとピーマンのソース炒め・・・・・ 97

桜えび
大根餅・・・・・・・・・・・・・・・・・・・・ 35
玉ねぎのかき揚げ・・・・・・・・・・・・・・・ 41
にんじんといんげんのエスニックサラダ・・・・・ 68
たたききゅうりのナムル・・・・・・・・・・・・ 75
ほうれん草と桜えびのナムル・・・・・・・・・・ 118
里いもと桜えびのぺったんこ焼き・・・・・・・・ 152

さつま揚げ
さつまいもとさつま揚げのごま味噌汁・・・・・・ 145

さば水煮缶
冷や汁・・・・・・・・・・・・・・・・・・・・ 74
さば缶とじゃがいものトマト煮・・・・・・・・・ 127

塩昆布
キャベツの浅漬け・・・・・・・・・・・・・・・ 18
トマトと塩昆布のごま油風味あえ・・・・・・・・ 82
ピーマンのおかか＆塩昆布あえ・・・・・・・・・ 102
ほうれん草といり卵の塩昆布あえ・・・・・・・・ 118

しらす
くし形切りレタスの温玉＆しらすのせサラダ・・ 60
ほうれん草としらすのスパゲティ・・・・・・・・ 115

スモークサーモン
大根とスモークサーモンミルフィーユサンド・・・ 36
玉ねぎとスモークサーモンのマリネ・・・・・・・ 45
たっぷりレタスとサーモンのサンド・・・・・・・ 58
パプリカの生ハム巻き・・・・・・・・・・・・・ 100
じゃがいものサーモン巻き・・・・・・・・・・・ 130

たらこ・明太子
きゅうりの明太マヨサラダ・・・・・・・・・・・ 75
ブロッコリーの明太マヨソースがけ・・・・・・・ 108
もやしのたらこマヨあえ・・・・・・・・・・・・ 170

ちくわ
にんじんとちくわのきんぴら・・・・・・・・・・ 67
ピーマンとちくわのナンプラーあえ・・・・・・・ 100
きのことちくわのごま酢あえ・・・・・・・・・・ 162
もやしとちくわの味噌汁・・・・・・・・・・・・ 168

ちりめんじゃこ
キャベツとじゃこのさっと炒め・・・・・・・・・ 16
大根の葉とじゃこのふりかけ・・・・・・・・・・ 38
なすのじゃこ味噌チーズ焼き・・・・・・・・・・ 91
梅とじゃこの和風ポテトサラダ・・・・・・・・・ 131

ツナ缶
白菜とツナのガーリックスープ・・・・・・・・・ 26
輪切り玉ねぎのツナチーズのせ焼き・・・・・・・ 42
玉ねぎスライスとツナの粒マスタードサラダ・・・ 45
きゅうりとツナのサラダうどん・・・・・・・・・ 73
ピーマンカップのツナチーズ焼き・・・・・・・・ 99
サモサ風揚げ・・・・・・・・・・・・・・・・・ 129
かぼちゃとツナのカレー風味コロッケ・・・・・・ 135
里いものツナマヨサラダ・・・・・・・・・・・・ 154
もやしとツナの春巻き・・・・・・・・・・・・・ 166

ひじき
コロコロさつまいも＆ひじきと
　　ミックスビーンズの和風サラダ・・・・・・・ 146
里いもとひじきと鮭の炊き込みごはん・・・・・・ 151

焼きのり
キャベツの巻きとんかつ・・・・・・・・・・・・ 13
なすの豚巻き天ぷら・・・・・・・・・・・・・・ 87

わかめ
玉ねぎとわかめの酢味噌あえ・・・・・・・・・・ 44
レタスとわかめ、かにかまの酢の物・・・・・・・ 60

野菜・野菜加工品・果物・ハーブ

青じそ
玉ねぎのかき揚げ・・・・・・・・・・・・・・・ 41
冷や汁・・・・・・・・・・・・・・・・・・・・ 74
そうめんのトマトめんつゆ・・・・・・・・・・・ 81
なすのじゃこ味噌チーズ焼き・・・・・・・・・・ 91
なすとしその肉巻きにんにく味噌照り・・・・・・ 92
なすの浅漬け風サラダ・・・・・・・・・・・・・ 94
梅とじゃこの和風ポテトサラダ・・・・・・・・・ 131
もやしとツナの春巻き・・・・・・・・・・・・・ 166
もやしのたらこマヨあえ・・・・・・・・・・・・ 170

青ねぎ
白菜のミルフィーユ鍋・・・・・・・・・・・・・ 22
大根餅・・・・・・・・・・・・・・・・・・・・ 35
玉ねぎの肉詰め煮・・・・・・・・・・・・・・・ 40
きゅうりとかつおの手ごね寿司・・・・・・・・・ 72
ほうれん草と豚の常夜鍋・・・・・・・・・・・・ 113
里いもと鶏手羽の煮物・・・・・・・・・・・・・ 148
里いもと豚のバターしょうゆ炒め・・・・・・・・ 149
里いもと桜えびのぺったんこ焼き・・・・・・・・ 152
ミックスきのこと豚薄切り肉のマヨポン炒め・・ 157
もやしと肉団子の春雨スープ・・・・・・・・・・ 165
もやしと鶏ひき肉の卵とじ・・・・・・・・・・・ 168
もやしとかにかまのあんかけ風炒め・・・・・・・ 168

赤じそふりかけ
キャベツとゆかりあえ・・・・・・・・・・・・・ 18

アボカド
レタスのチョップドサラダ・・・・・・・・・・・ 60
トマトとアボカドのえびマヨサラダ・・・・・・・ 84

梅干し
そうめんのトマトめんつゆ・・・・・・・・・・・ 81
梅とじゃこの和風ポテトサラダ・・・・・・・・・ 131
里いもと梅＆おかかあえ・・・・・・・・・・・・ 154

オクラ
トマトとオクラのもずくあえ・・・・・・・・・・ 82

オレンジ
ピーラーにんじんとオレンジのサラダ・・・・・・ 68

かいわれ菜
真鯛とレタスのカルパッチョ風サラダ・・・・・・ 59
パプリカの生ハム巻き・・・・・・・・・・・・・ 100

かぼちゃ
※メイン食材として使用・・・・・・・・・・ 134～140

キャベツ
※メイン食材として使用・・・・・・・・・・ 10～18
大根餃子・・・・・・・・・・・・・・・・・・・ 33
なすのひき肉はさみ揚げフライ・・・・・・・・・ 88

きゅうり
※メイン食材として使用・・・・・・・・・・ 70～76

切り干し大根
にんじんと切り干し大根の煮物・・・・・・・・・ 67

コーン缶
コールスローサラダ・・・・・・・・・・・・・・ 16

きゅうりとツナのサラダうどん・・・・・・・・・・・・ 73
ブロッコリーとコーンのバターしょうゆ炒め・・・・・ 108

ザーサイ
大根餃子・・・・・・・・・・・・・・・・・・・・・・・・・・・・・ 33
ねぎとザーサイのナムル・・・・・・・・・・・・・・・・ 54
ブロッコリーとザーサイの中華あえ・・・・・・・・ 110
ほうれん草入りゆで餃子・・・・・・・・・・・・・・・・ 112

さつまいも
※メイン食材として使用・・・・・・・・・・・・ 142〜146

里いも
※メイン食材として使用・・・・・・・・・・・・ 148〜154

さやいんげん
にんじんといんげんのエスニックサラダ・・・・・ 68
トマトたっぷりトマト鍋・・・・・・・・・・・・・・・・・・ 78
肉じゃが・・・・・・・・・・・・・・・・・・・・・・・・・・・・ 128

ししとう
なすの南蛮漬け・・・・・・・・・・・・・・・・・・・・・・ 93
素揚げかぼちゃ&ししとうのめんつゆひたし・・ 139

じゃがいも
※メイン食材として使用・・・・・・・・・・・・ 126〜132
にんじんのポタージュスープ・・・・・・・・・・・・・ 66
ブロッコリーとじゃがいものスープ・・・・・・・・ 108
刻みブロッコリー入り緑のポテトサラダ・・・・・ 109
ほうれん草入りカレースープ・・・・・・・・・・・・・ 117

シャンサイ
玉ねぎ&シーフードミックスとシャンサイの
　エスニックサラダ・・・・・・・・・・・・・・・・・・・・ 44
鯛のねぎのせ熱々ごま油かけ・・・・・・・・・・・ 50
にんじんといんげんのエスニックサラダ・・・・・ 68
たっぷりきゅうりのよだれ鶏・・・・・・・・・・・・・・ 73
ヤムウンセン風エスニックサラダ・・・・・・・・・・ 74

ズッキーニ
豆と野菜のミネストローネスープ・・・・・・・・・・ 83

大根
※メイン食材として使用・・・・・・・・・・・・・ 30〜38
キャベツの巻きとんかつ・・・・・・・・・・・・・・・・ 13
なすとさばのおろしあえ・・・・・・・・・・・・・・・・ 86

たけのこ（水煮）
白菜と牛薄切り肉&たけのこのオイスターソース炒め・・ 23

玉ねぎ
※メイン食材として使用・・・・・・・・・・・・・ 40〜46
重ねロールキャベツ風・・・・・・・・・・・・・・・・・ 11
キャベツたっぷりメンチカツ・・・・・・・・・・・・・・ 12
骨つき鶏とキャベツたっぷりポトフ・・・・・・・・・ 12
チーズタッカルビ風鶏とキャベツのキムチ炒め・・ 13
キャベツとウィンナーのクリーム煮・・・・・・・・・ 15
キャベツと卵のスープ・・・・・・・・・・・・・・・・・・ 15
キャベツとゆで卵のカレー風味マヨネーズサラダ・・ 16
キャベツのマスタードマリネ・・・・・・・・・・・・・・ 17
味噌クリームロール白菜・・・・・・・・・・・・・・・・ 23
大根カレー・・・・・・・・・・・・・・・・・・・・・・・・・ 34
くし形切りレタスの温玉&しらすのせサラダ・・ 60
レタスのチョップドサラダ・・・・・・・・・・・・・・・ 60

にんじんハンバーグ・・・・・・・・・・・・・・・・・・・ 64
にんじんのポタージュスープ・・・・・・・・・・・・・ 66
カリカリ豚ときゅうりの玉ねぎドレッシングあえ・・ 70
トマトたっぷりトマト鍋・・・・・・・・・・・・・・・・・・ 78
牛肉とトマトの赤ワイン煮・・・・・・・・・・・・・・・ 80
トマトとささみの冷製スープ・・・・・・・・・・・・・・ 83
豆と野菜のミネストローネスープ・・・・・・・・・・ 83
基本のトマトソース・・・・・・・・・・・・・・・・・・・・ 83
ミニトマトのマリネ・・・・・・・・・・・・・・・・・・・・・ 84
なすのひき肉はさみ揚げフライ・・・・・・・・・・・ 88
なすとひき肉のミートグラタン・・・・・・・・・・・・ 89
なすのキーマカレー・・・・・・・・・・・・・・・・・・・ 90
焼きなすとまぐろのタルタル風・・・・・・・・・・・・ 91
薄切り焼きなすのマリネ・・・・・・・・・・・・・・・・ 94
ピーマンの肉詰めチーズバーグ煮込み・・・・・ 96
ピーマンと薄切り肉の酢豚・・・・・・・・・・・・・・ 98
ピーマンとちくわのナンプラーあえ・・・・・・・・ 100
チョップドピーマンと雑穀の
　オリーブオイルサラダ・・・・・・・・・・・・・・・ 101
ブロッコリーとゆで卵入りミートローフ・・・・・・ 106
ブロッコリーとじゃがいものスープ・・・・・・・・ 108
ブロッコリーとハムのマカロニサラダ・・・・・・ 109
とうもろこしと枝豆のコロコロサラダ・・・・・・ 124
とうもろこしのポタージュ・・・・・・・・・・・・・・・ 124
スコップコロッケ・・・・・・・・・・・・・・・・・・・・ 126
じゃがいもと合いびき肉のカレー風味炒め・・ 127
さば缶とじゃがいものトマト煮・・・・・・・・・・・ 127
肉じゃが・・・・・・・・・・・・・・・・・・・・・・・・・・ 128
じゃがいものマスタードクリーム煮・・・・・・・・ 130
くずしじゃがいものビシソワーズ風スープ・・ 132
丸ごとじゃがいものコンソメスープ・・・・・・・・ 132
かぼちゃリゾット・・・・・・・・・・・・・・・・・・・・ 136
かぼちゃニョッキ・・・・・・・・・・・・・・・・・・・・ 137
かぼちゃとささみの豆乳シチュー・・・・・・・・ 138
かぼちゃとくるみのマヨサラダ・・・・・・・・・・ 140
さつまいもと豚こまの焼き酢豚・・・・・・・・・・ 142
里いものポタージュ・・・・・・・・・・・・・・・・・・ 153
きのこたっぷりミートソース・・・・・・・・・・・・・ 157
しいたけの肉詰めフライ・・・・・・・・・・・・・・・ 158
ハッシュドビーフ・・・・・・・・・・・・・・・・・・・・ 159
こんがり焼ききのこのサラダ・・・・・・・・・・・・ 160
半分もやしのナポリタン・・・・・・・・・・・・・・・ 167

とうもろこし
※メイン食材として使用・・・・・・・・・・・・ 120〜124

トマト
※メイン食材として使用・・・・・・・・・・・・・ 78〜84
なすのキーマカレー・・・・・・・・・・・・・・・・・・・ 90

トマト水煮缶
にんじんハンバーグ・・・・・・・・・・・・・・・・・・・ 64
なすとひき肉のミートグラタン・・・・・・・・・・・・ 89
ピーマンの肉詰めチーズバーグ煮込み・・・・・ 96
さば缶とじゃがいものトマト煮・・・・・・・・・・・ 127
きのこたっぷりミートソース・・・・・・・・・・・・・ 157
ハッシュドビーフ・・・・・・・・・・・・・・・・・・・・ 159

ドライハーブミックス
玉ねぎとウィンナーのケチャップ炒め・・・・・・ 43
にんじんハンバーグ・・・・・・・・・・・・・・・・・・・ 64

ほうれん草とえびのガーリック炒め・・・・・・・ 114
かぼちゃとえびのガーリックパン粉焼き・・・・ 135

長いも
キャベツたっぷりお好み焼き・・・・・・・・・・・・ 14

長ねぎ
※メイン食材として使用・・・・・・・・・・・・・ 48〜54
くし形焼きキャベツの肉みそがけ・・・・・・・・・ 11
白菜のはさみ蒸し・・・・・・・・・・・・・・・・・・・・ 25
ぶり大根・・・・・・・・・・・・・・・・・・・・・・・・・・・ 31
ピーラー大根鍋・・・・・・・・・・・・・・・・・・・・・・ 32
大根と豚の塩スープ・・・・・・・・・・・・・・・・・・ 37
レタスのひき肉味噌のせ・・・・・・・・・・・・・・・ 56
レタスチャーハン・・・・・・・・・・・・・・・・・・・・・ 58
たっぷりきゅうりのよだれ鶏・・・・・・・・・・・・・・ 73
なすの丸ごと肉詰めレンジ蒸し・・・・・・・・・・ 87
なすとひき肉の豆乳担担麺風スープ・・・・・・ 90
マーボーなす・・・・・・・・・・・・・・・・・・・・・・・ 92
なすの南蛮漬け・・・・・・・・・・・・・・・・・・・・・ 93
なすのねぎ塩だれ・・・・・・・・・・・・・・・・・・・ 94
ブロッコリーのひき肉そぼろあんかけ・・・・・・ 104
ブロッコリーとザーサイの中華あえ・・・・・・・ 110
さつまいもとさつま揚げのごま味噌汁・・・・・ 145
里いもとひき肉の中華スープ・・・・・・・・・・・ 151
えのきだけとまいたけ&牛肉のすき焼き風煮・・ 156
もやしと鶏もも肉&ねぎのクリーム炒め・・・・・ 164
もやしと肉団子の春雨スープ・・・・・・・・・・・ 165

なす
※メイン食材として使用・・・・・・・・・・・・・ 86〜94

にら
にんじんとにらのチヂミ・・・・・・・・・・・・・・・・ 65
もやしと牛薄切り肉の焼き肉のたれ炒め・・・・・ 165

にんじん
※メイン食材として使用・・・・・・・・・・・・・ 62〜68
骨つき鶏とキャベツたっぷりポトフ・・・・・・・・・ 12
チーズタッカルビ風鶏とキャベツのキムチ炒め・・ 13
キャベツの浅漬け・・・・・・・・・・・・・・・・・・・・ 18
白菜のごま豆乳鍋・・・・・・・・・・・・・・・・・・・・ 24
白菜とシーフードミックスの八宝菜・・・・・・・・ 24
大根カレー・・・・・・・・・・・・・・・・・・・・・・・・・ 34
せん切り大根とにんじんのなます・・・・・・・・・ 37
きゅうりの甘酢しょうゆ漬け・・・・・・・・・・・・・ 76
ブロッコリーのごまあえ・・・・・・・・・・・・・・・ 110
コーン入りがんも・・・・・・・・・・・・・・・・・・・・ 124
肉じゃが・・・・・・・・・・・・・・・・・・・・・・・・・・ 128
きのこと鶏ひき肉の炊き込みごはん・・・・・・ 159
もやしとがんも&にんじんの煮物・・・・・・・・・ 169

白菜
※メイン食材として使用・・・・・・・・・・・・・ 20〜28

白菜キムチ
チーズタッカルビ風鶏とキャベツのキムチ炒め・・ 13
豚ねぎキムチ炒め・・・・・・・・・・・・・・・・・・・・ 49
長ねぎたっぷりチゲ鍋風・・・・・・・・・・・・・・・ 51
レタスのキムチのせ韓国風サラダ・・・・・・・・ 59
きゅうりと焼き肉&キムチあえ・・・・・・・・・・・・ 71
ブロッコリーと豚バラのキムチ炒め・・・・・・・ 105

173

バジル・ドライバジル

トマトとモッツァレラチーズのカプレーゼ ······ 81
さば缶とじゃがいものトマト煮 ············ 127

パセリ

重ねロールキャベツ風 ············· 11
輪切り玉ねぎのツナチーズのせ焼き ······ 42
玉ねぎクリームスープ ··············· 46
すりおろしにんじんライス ············· 65
牛肉とトマトの赤ワイン煮 ············· 80
トマトのミモザサラダ ··············· 82
なすの丸ごと肉詰めレンジ蒸し ········ 87
コーンたっぷりピザ ··············· 122
じゃがいもと合いびき肉のカレー風味炒め ·· 127
かぼちゃニョッキ ··············· 137
里いもとさばのから揚げ ············· 150
マッシュルームだけアヒージョ ········· 161

パプリカ

魚肉ソーセージとピーマンのソース炒め ····· 97
パプリカと鮭の甘酢炒め ············· 97
パプリカの生ハム巻き ··············· 100
パプリカの白あえ ················ 100
焼きパプリカのマリネ ··············· 102
ほうれん草と牛肉の豆板醤炒め ········ 113

ピーマン

※メイン食材として使用 ············· 96〜102
半分もやしのナポリタン ············· 167

ブロッコリー

※メイン食材として使用 ············· 104〜110

ベビーリーフ

かぼちゃとツナのカレー風味コロッケ ······ 135
こんがり焼ききのこのサラダ ··········· 160

ほうれん草

※メイン食材として使用 ············· 112〜118

豆もやし・もやし

※メイン食材として使用 ············· 164〜170

水菜

里いもと水菜のめんつゆさっと煮 ········ 152

ミニトマト

レタスとミニトマトの卵スープ ········· 59
ミニトマトのマリネ ··············· 84

みょうが

オニオンスライス ················ 45
冷や汁 ··················· 74
なすの揚げびたし ················ 93
里いもと梅＆おかかあえ ············· 154

りんご

白菜とりんごのフレンチサラダ ········· 28

レーズン

キャロットラペ ················· 66

レタス

※メイン食材として使用 ············· 56〜60

さつまいもの素揚げのせサラダ ········· 145
こんがり焼ききのこのサラダ ··········· 160

レモン・レモン汁

キャベツたっぷりメンチカツ ··········· 12
白菜と生ハムのマリネ ··············· 27
豚バラミルフィーユのレンジ蒸し ········ 32
大根とスモークサーモンミルフィーユサンド ·· 36
玉ねぎ＆シーフードミックスとシャンサイの
　エスニックサラダ ··············· 44
焼きねぎのめんつゆレモン風味ひたし ····· 54
真鯛とレタスのカルパッチョ風サラダ ····· 59
キャロットラペ ················· 66
せん切りにんじんと塩さばのレモンマリネ ·· 67
ピーラーにんじんとオレンジのサラダ ····· 68
にんじんといんげんのエスニックサラダ ····· 68
ヤムウンセン風エスニックサラダ ········ 74
トマトとアボカドのえびマヨサラダ ······ 84
なすのひき肉はさみ揚げフライ ········· 88
パプリカの生ハム巻き ··············· 100
ピーマンとちくわのナンプラーあえ ······ 100
チョップドピーマンと雑穀のオリーブオイルサラダ ·· 101
ブロッコリーと豆腐のレンジ蒸し ········ 105
ブロッコリーの明太マヨソースがけ ······ 108
ブロッコリーとえびのマヨネーズサラダ ····· 109
ほうれん草とえびのガーリック炒め ······ 114
スコップコロッケ ················ 126
里いもとさばのから揚げ ············· 150
しいたけの肉詰めフライ ············· 158

きのこ類

※メイン食材として使用 ············· 156〜162

えのきだけ

白菜とえのきのサンラータンスープ ······ 26

しいたけ・干ししいたけ

白菜のごま豆乳鍋 ················ 24
白菜とシーフードミックスの八宝菜 ······ 24
ピーラー大根鍋 ················· 32
きゅうりの甘酢しょうゆ漬け ··········· 76

しめじ

トマトたっぷりトマト鍋 ············· 78

ライム

玉ねぎ＆シーフードミックスとシャンサイの
　エスニックサラダ ··············· 44

卵・豆製品

厚揚げ

白菜と厚揚げの煮物 ··············· 27

油揚げ

キャベツと油揚げのごまあえ ··········· 18
にんじんと切り干し大根の煮物 ········· 67
刻みきのことひき肉入り油揚げの宝煮 ····· 161

うずら卵

白菜とシーフードミックスの八宝菜 ······ 24

枝豆

とうもろこしと枝豆のコロコロサラダ ······ 124

がんも

もやしとがんも＆にんじんの煮物 ········ 169

キドニービーンズ

豆と野菜のミネストローネスープ ········ 83

鶏卵

キャベツたっぷりメンチカツ ··········· 12
キャベツの巻きとんかつ ············· 13
キャベツたっぷりお好み焼き ··········· 14
キャベツと卵のスープ ··············· 15
キャベツとゆで卵のカレー風味マヨネーズサラダ ·· 16
味噌クリームロール白菜 ············· 23
白菜と焼き豚＆卵炒め ··············· 25
白菜とえのきのサンラータンスープ ······ 26
豚バラ大根の煮物 ················ 30
せん切り大根と卵の中華スープ ········· 35
玉ねぎのかき揚げ ················ 41
玉ねぎ＆かにかまの卵炒め ············· 43
レタスチャーハン ················ 58
レタスとミニトマトの卵スープ ········· 59
くし形切りレタスの温玉＆しらすのせサラダ ·· 60
にんじんとベーコンのスパニッシュオムレツ ·· 63
にんじんハンバーグ ··············· 64
にんじんとにらのチヂミ ············· 65
きゅうりチャンプルー ··············· 71
卵とトマトの春雨炒め ··············· 80
トマトのミモザサラダ ··············· 82
なすの豚巻き天ぷら ··············· 87
なすのひき肉はさみ揚げフライ ········· 88
なすのキーマカレー ··············· 90
ピーマンの肉詰めチーズバーグ煮込み ····· 96
ブロッコリーとゆで卵入りミートローフ ····· 106
ブロッコリーと卵炒め ··············· 107
ブロッコリーとえびのマヨネーズサラダ ····· 109
ポパイチャーハン ················ 115
ほうれん草入りキッシュ ············· 116
シーザーサラダ ················· 116
ほうれん草のココット ··············· 117
ほうれん草といり卵の塩昆布あえ ········ 118
コーンたっぷりスクランブルエッグ ······ 123
コーン入りがんも ················ 124
かぼちゃとツナのカレー風味コロッケ ······ 135
しいたけの肉詰めフライ ············· 158
きのこのわさび風味スープ ············· 160
半分もやしのカルボナーラ ············· 167
もやしと鶏ひき肉の卵とじ ············· 168

豆腐

白菜のごま豆乳鍋 ················ 24
長ねぎたっぷりチゲ鍋風 ············· 51
きゅうりチャンプルー ··············· 71
パプリカの白あえ ················ 100
ブロッコリーと豆腐のレンジ蒸し ········ 105
コーンたっぷりピザ ··············· 122
コーンとささみとくずし豆腐の柚子こしょう風味スープ ·· 123

コーン入りがんも ··············· 124
えのきだけとまいたけ & 牛肉のすき焼き風煮 ·· 156

ミックスビーンズ
チョップドピーマンと雑穀のオリーブオイルサラダ ·· 101
コロコロさつまいも & ひじきと
　　ミックスビーンズの和風サラダ ·········· 146

乳製品

牛乳
重ねロールキャベツ風 ··············· 11
キャベツたっぷりメンチカツ ··········· 12
キャベツとウィンナーのクリーム煮 ········· 15
玉ねぎクリームスープ ··············· 46
長ねぎのミルクスープ ··············· 53
にんじんとベーコンのスパニッシュオムレツ ··· 63
にんじんのポタージュスープ ··········· 66
ブロッコリーとゆで卵入りミートローフ ······ 106
ブロッコリーとじゃがいものスープ ········ 108
シーザーサラダ ··················· 116
コーンたっぷりスクランブルエッグ ········ 123
とうもろこしのポタージュ ············ 124
じゃがいも餅 ·················· 129
じゃがいものマスタードクリーム煮 ······· 130
じゃがいものサーモン巻き ············ 130
くずしじゃがいものビシソワーズ風スープ ···· 132
かぼちゃニョッキ ················· 137
スイートポテト風トースト ············ 144
里いものポタージュ ················ 153
もやしと鶏もも肉 & ねぎのクリーム炒め ····· 164

チーズ
重ねロールキャベツ風 ··············· 11
チーズタッカルビ風鶏とキャベツのキムチ炒め ·· 13
コールスローサラダ ················ 16
白菜とハムのグラタン ··············· 21
輪切り玉ねぎのツナチーズのせ焼き ········ 42
長ねぎベーコンの餅グラタン ··········· 51
長ねぎのマヨネーズチーズ焼き ·········· 52
たっぷりレタスとサーモンのサンド ········ 58
トマトたっぷりトマト鍋 ·············· 78
トマトとモッツァレラチーズのカプレーゼ ····· 81
豆と野菜のミネストローネスープ ········· 83
なすとひき肉のミートグラタン ·········· 89
なすのじゃこ味噌チーズ焼き ··········· 91
ピーマンの肉詰めチーズバーグ煮込み ······ 96
ピーマンカップのツナチーズ焼き ········· 99
ピーマンとベーコンのアンチョビチーズソテー ·· 101
ブロッコリーと卵炒め ·············· 107
ブロッコリーのケチャップチーズ焼き ······ 107
ほうれん草入りキッシュ ············· 116
シーザーサラダ ·················· 116
コーンたっぷりピザ ················ 122
じゃがいものチーズ入りガレット ········· 130

じゃがいもの
クリームチーズ入りサラダ ············ 131
丸ごとじゃがいものコンソメスープ ········ 132
かぼちゃとえびのガーリックパン粉焼き ····· 135
かぼちゃリゾット ················· 136

かぼちゃニョッキ ················· 137
かぼちゃとクリームチーズのディップ ······· 140
さつまいものハッセルバック風 ·········· 145
さつまいもの素揚げのせサラダ ·········· 145
里いものピザ風焼き ················ 152
きのこたっぷりミートソース ··········· 157
こんがり焼ききのこのサラダ ··········· 160
半分もやしのカルボナーラ ············ 167
半分もやしのナポリタン ············· 167

生クリーム
白菜とハムのグラタン ··············· 21
味噌クリームロール白菜 ············· 23
玉ねぎクリームスープ ··············· 46
長ねぎベーコンの餅グラタン ··········· 51
長ねぎのミルクスープ ··············· 53
にんじんのポタージュスープ ··········· 66
牛肉とトマトの赤ワイン煮 ············ 80
ピーマンの肉詰めチーズバーグ煮込み ······ 96
ほうれん草入りキッシュ ············· 116
とうもろこしのポタージュ ············ 124
じゃがいものマスタードクリーム煮 ······· 130
もやしと鶏もも肉 & ねぎのクリーム炒め ····· 164
半分もやしのカルボナーラ ············ 167

ナッツ類

カシューナッツ
にんじんといんげんのエスニックサラダ ····· 68

くるみ
にんじんのくるみあえ ··············· 68
かぼちゃとくるみのマヨサラダ ·········· 140

ピーナッツ
ヤムウンセン風エスニックサラダ ········· 74

炭水化物

うどん
きゅうりとツナのサラダうどん ·········· 73

餃子の皮
白菜餃子 ····················· 21
ほうれん草入りゆで餃子 ············· 112
サモサ風揚げ ··················· 129

クルトン
にんじんのポタージュスープ ··········· 66
ブロッコリーとじゃがいものスープ ········ 108
シーザーサラダ ·················· 116
里いものポタージュ ················ 153

米・ごはん
大根カレー ···················· 34
ねぎと豚ひき肉味噌 ················ 53
レタスチャーハン ················· 58
すりおろしにんじんライス ············ 65
きゅうりとかつおの手ごね寿司 ·········· 72
なすのキーマカレー ················ 90
ポパイチャーハン ················· 115
コーンのケチャップライス ············ 122

かぼちゃリゾット ················· 136
さつまいもごはん ················· 144
里いもとひじきと鮭の炊き込みごはん ······ 151
きのこと鶏ひき肉の炊き込みごはん ········ 159

雑穀ミックス
チョップドピーマンと雑穀のオリーブオイルサラダ ·· 101

シュウマイの皮
刻みきのこ入りシュウマイ ············ 161

食パン
たっぷりレタスとサーモンのサンド ········ 58
スイートポテト風トースト ············ 144

スパゲティ
ほうれん草としらすのスパゲティ ········· 115
半分もやしのカルボナーラ ············ 167
半分もやしのナポリタン ············· 167

そうめん
そうめんのトマトめんつゆ ············ 81

春雨
卵とトマトの春雨炒め ··············· 80
里いもとひき肉の中華スープ ··········· 151
もやしと肉団子の春雨スープ ··········· 165

春巻きの皮
もやしとツナの春巻き ·············· 166

ホットケーキミックス
コーンたっぷりピザ ················ 122

マカロニ
ブロッコリーとハムのマカロニサラダ ······· 109

餅
長ねぎベーコンの餅グラタン ··········· 51

蒸しめん
ねぎ & にんにく焼きそば ············· 52

冷凍パイシート
ほうれん草入りキッシュ ············· 116

その他

デミグラスソース缶
ハッシュドビーフ ················· 159

ホワイトソース缶
かぼちゃニョッキ ················· 137

著者

阪下千恵（さかした　ちえ）

料理研究家・栄養士。
獨協大学外国語学部フランス語学科、淑徳短期大学植物栄養学科卒業。
外食大手企業、無農薬・有機野菜・無添加食品の宅配会社などを経て独立。現在は書籍、雑誌、インターネット、企業販促用のレシピ開発、食育関連講習会などで活躍中。食べる人にも作る人にもやさしい料理を心がけ、ていねいでわかりやすいレシピと、ほっとする味わいが好評。著書に、『決定版 朝つめるだけ! 作り置きのやせるお弁当389』、『栄養が溶け込んだおいしいスープ』、『毎日がんばっている人のミカタレシピ』（新星出版社）、『一生使える! 野菜のおかず事典300』『作りおき×すぐできおかず400品 使いやすい15食材をフル活用!』（ともに学研プラス）、『忙しい人のホットクックレシピ』（日東書院本社）など多数。夫、2人の女の子との4人家族。

Staff

アートディレクション／大藪胤美（フレーズ）
デザイン／岩瀬恭子（フレーズ）
撮影／武井メグミ
スタイリング／小坂桂
調理アシスタント／宮田澄香　岩間明子　三宅玲子
校正／みね工房
構成・編集・文／齊藤綾子

YouTubeチャンネル
『MIKATA KITCHEN 阪下千恵』はこちら▶

『料理研究家　阪下千恵の
サウザンドキッチン』はこちら▶

本書の内容に関するお問い合わせは、書名、発行年月日、該当ページを明記の上、書面、FAX、お問い合わせフォームにて、当社編集部宛にお送りください。電話によるお問い合わせはお受けしておりません。また、本書の範囲を超えるご質問等にもお答えできませんので、あらかじめご了承ください。
　FAX：03-3831-0902
　お問い合わせフォーム：https://www.shin-sei.co.jp/np/contact.html

落丁・乱丁のあった場合は、送料当社負担でお取替えいたします。当社営業部宛にお送りください。
本書の複写、複製を希望される場合は、そのつど事前に、出版者著作権管理機構（電話：03-5244-5088、FAX：03-5244-5089、e-mail：info@jcopy.or.jp）の許諾を得てください。
JCOPY ＜出版者著作権管理機構 委託出版物＞

野菜たっぷり大量消費レシピ304

2020年11月15日　初版発行
2024年 8 月25日　第16刷発行

著　者　阪　下　千　恵
発行者　富　永　靖　弘
印刷所　株式会社新藤慶昌堂

発行所　東京都台東区　株式　新 星 出 版 社
　　　　台東2丁目24　会社
　　　　〒110-0016　☎03(3831)0743

© Chie Sakashita　　　　　　　　　　Printed in Japan

ISBN978-4-405-09393-5